COLOGNE

Wiege der Eau de Cologne

MARKUS ECKSTEIN

COLOGNE

Wiege der Eau de Cologne

J.P. BACHEM VERLAG

Titelbild: Das Farina-Haus an den Obenmarspforten

Schutzumschlag, vordere Innenklappe:
Der Innenstadtplan aus dem Jahr 1850 wies Reisenden, die
per Schiff in Köln ankamen, den Weg zum Farina-Haus

Vordere Klappe:
Silberflakons aus dem Zeitraum 1880 bis 1929

Seite 2:
Im Westentaschenformat: Der Silberflakon von 1910 wurde
in Form und Größe den bei Herren beliebten Taschenuhren
nachgebildet

Bibliografische Information der Deutschen Nationalbibliothek
Die Deutsche Nationalbibliothek verzeichnet diese Publikation
in der Deutschen Nationalbibliografie; detaillierte bibliografische Daten sind im Internet über http://dnb.d-nb.de abrufbar.

1. Auflage 2013
© J.P. Bachem Verlag, Köln 2013
Einbandgestaltung: Petra Drumm, Köln
Innenlayout: Heike Unger, Berlin
Lektorat: Kirsten Nagel, Köln
Reproduktionen: Reprowerkstatt Wargalla, Köln

ISBN 978-3-7616-2676-4 Buchausgabe
ISBN 978-3-7616-2794-5 PDF
ISBN 978-3-7616-2795-2 EPUB

Aktuelle Programminformationen
sowie Download-Links zu unseren
Apps finden Sie unter
www.bachem.de/verlag

Auch als E-Book erhältlich

Im Apple iBookstore und überall,
wo es elektronische Bücher gibt.
Weitere Informationen auch unter
www.bachem.de/ebooks

WASSER FABRIK DER WELT

INHALT

*Bild links: Diors „New Look" verzauberte
1952 mit Petticoat und weit schwingenden
Röcken auch den Farina-Duft*

*Nachfolgende Doppelseite:
„Colonia. Cöln am Rhein", altkolorierter
Kupferstich von Johann Christian Leopold
1729 nach Friedrich Bernhard Werner*

ZUM

GELEIT

COLONIA

Metropolis in Archi-Episcopatu Coloniensi ad Rhenum ut amen magna, vetusta, et celebris libera Imperii Civitas, juxta priscum morem munita, turres habet 83. crassas, tres fossas et 24. portas. Templa et Coenobia plurima in ea reperi= untur. Academia Aᵒ 1388. fundata est. In Templo 11000. Virginum, quae cum Stᵉ Ursula occisae esse dicuntur, aliquot millia capitum sericeis tegumen= tis involutorum spectantur. In Templo S. Gereonis pariter circiter mille capita Sanctorum asservantur. Pretioso extructa Curia, duo Palatia Electoris et alia ma= gnifica aedificia Urbi magnum splendorem conciliant. Civitas in 22. tribus distête= est, et ex illis quotannis 49. Personae, quae Senatum constituunt, eliguntur. In: super diversa Concilia ibi habita sunt, et praeter jam dicta, tria Gymnasia et ultra 100. Scholae ibi reperiuntur.

Cum-
Privile
Sacrae
Caesar:
Majesti:

F.B.

CÖLN AM RHEIN

Haupt-Statt im Ertz-Stifft Cöln am Rhein, jedoch aber grosse, alte und berühmte freye Reichs-
Statt, so nach der alten Manier befestiget ist, und 83. dicke Thürne, 3. Gräben und 24. Thore hat;
Auch mit sehr vielen Kirchen und Clöstern ingleichen einer Universitæt die 1388. gestifftet worden ersehen ist. In der Kirche der 11000. Jungfrauen so mit S. Ursula sollen erschlagen
worden sein, siehet man etliche 1000. Köpffe mit seidenen Zeüg bedeckt, und in der Kirche
S. Gereonis werden auch auf 1000. Köpffe der Heiligen aufgehalten, das kostbare Raht-Hauß,
die bey die Pallæste der Chur-Fürsten und andere prächtige Gebäude, geben der Statt ein gutes Ansehen. Die Bürgerschafft ist in 22. Zünffte eingetheilet, und werden aus denselben alle Jahr
49. Personen die den Raht constituiren erwehlet. Sonsten sind auch unterschiedliche Concilia
allhier gehalten worden, und befinden sich üb 66. gemeine 3. Gymnasia und über 100. Schulen allhier.

Johann
Christian
Leopold
excudit
Aug: Vind:

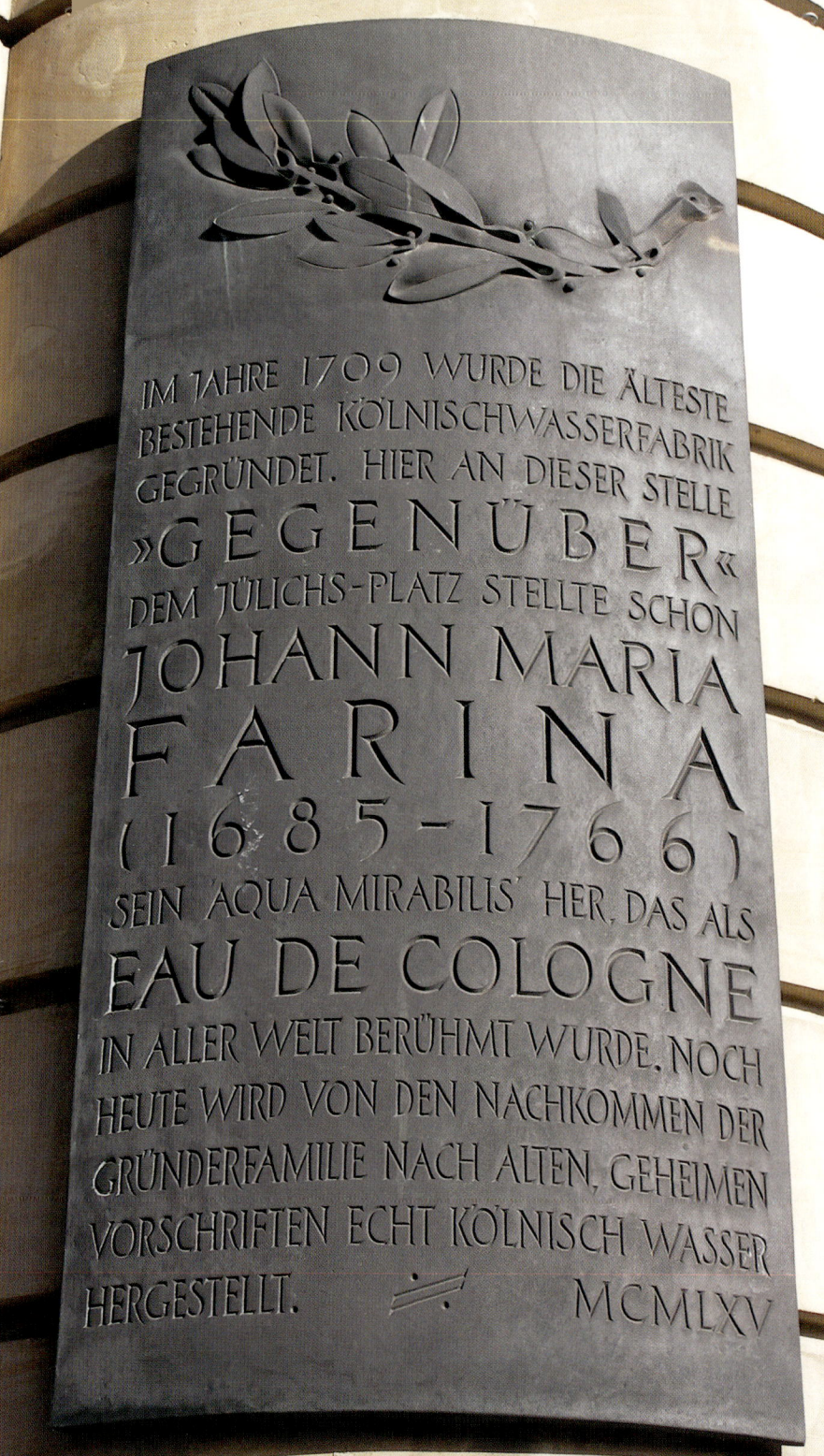

IM JAHRE 1709 WURDE DIE ÄLTESTE
BESTEHENDE KÖLNISCHWASSERFABRIK
GEGRÜNDET. HIER AN DIESER STELLE
»GEGENÜBER«
DEM JÜLICHS-PLATZ STELLTE SCHON
JOHANN MARIA
FARINA
(1685-1766)
SEIN 'AQUA MIRABILIS' HER, DAS ALS
EAU DE COLOGNE
IN ALLER WELT BERÜHMT WURDE. NOCH
HEUTE WIRD VON DEN NACHKOMMEN DER
GRÜNDERFAMILIE NACH ALTEN, GEHEIMEN
VORSCHRIFTEN ECHT KÖLNISCH WASSER
HERGESTELLT. MCMLXV

Im Reich der Düfte

Wer kennt dies nicht? Ein einziger Hauch, der uns beim Betreten eines Hauses streift, die Spur eines Duftes, welcher uns umweht, wenn eine fremde Person an uns vorübergeht – und schon tun sich Welten auf. Mit allen Sinnen ist uns plötzlich längst Vergangenes, Gewünschtes, Erhofftes, wieder Verlorenes, ein einst oder jetzt geliebter Mensch in berückender, Glück und Rausch verheißender Gegenwart nah. Mit allen Sinnen erfassen wir, was nur ein einzelner Sinn uns vermittelt hat. Kaum etwas beschenkt uns derart wie der Geruchssinn. Wer sieht, sieht. Wer hört, hört. Wer tastet oder schmeckt, ergreift und genießt. Neue Sinneserlebnisse knüpfen an vergangene an. Aufmerksam verfeinern wir mit ihnen Gefühl und Geschmack, unser Gehör oder die Augenlust. Von höherer Art aber ist der Geruchssinn. Er ist der am stärksten mit Erinnerung behaftete Sinn, der komplexe Archivar unserer Seelenregungen.

*Kristallflakon von 1921
mit silberner Tulpenkette*

JOHANN MARIA FARINA

1 6 8 5 — 1 7 6 6

BEGRÜNDER DIESES HAUSES

Johann Maria Farina, der Erfinder der Eau de Cologne (1685–1766) – 1965 geschaffenes Marmorrelief von Wolfgang Reuter im Eingang des Stammhauses

Denken Sie sich einen Ort, imaginieren Sie eine geliebte Person in Ihrem inneren Sinn. Stellt sich Ihnen sofort die entsprechende Dufterinnerung ein? Können Sie den Ort oder die Person in all ihren Nuancen jetzt, da Sie sie lediglich in Gedanken vor sich haben, real in der Nase spüren und fühlen Sie sich dann, wieder von allen Sinnen erfasst, an diesen Ort zurückversetzt, dem Menschen nahe?

Gehen Sie noch weiter: Wären Sie in der Lage, den Duft des geliebten Menschen im Geiste messerscharf in seine aromatischen Bestandteile zu zergliedern, ohne das attraktive Gesamtodeur zu vergessen, ohne Gefahr zu laufen, das Wesen dieses Duftes nur in einen schalen Nachgeschmack zu lösen? Wären Sie des Weiteren befähigt, mit ausgesuchten natürlichen Aromen den Duft des Begehrten synthetisch als Parfüm zu kopieren oder ihn gar in einem besonderen Mischungsverhältnis noch zu überhöhen, indem Sie seine Eigenheiten als vordergründig erfahrbare Duftnoten in den Kopf Ihrer Kreation stellten? Solches gelänge Ihnen wahrscheinlich nicht. Solches vermögen nur die Allerwenigsten.

DER PARFÜMEUR

Der 1685 im piemontesischen Santa Maria Maggiore geborene Giovanni Maria Farina war eine solche Ausnahmeerscheinung. Der Begründer der Kölner Duftdynastie Farina entstammte einer traditionsreichen italienischen Aromatiseursfamilie. Mit einem überaus sensiblen Geruchssinn und exquisiten Kenntnissen über Essenzen und Aromen ausgestattet brachte er alle Voraussetzungen mit, die ein Parfümeur für die Ausübung seiner Kunst auch heute noch benötigt. Giovanni Maria Farina besaß all dies im Übermaß. Im Alter von 21 Jahren kam er das erste Mal nach Köln und ließ sich bald ganz dort nieder. Er blieb nicht

deshalb, weil er in der alten Stadt am Rhein im Warenhandel seines Bruders Giovanni Battista ein gemachtes Bett vorzufinden hoffte. Er blieb, weil Köln ihm ein Umfeld bot, in dem er eine Vision verwirklichen und sein Lebenswerk gestalten konnte. Sein Lebenswerk war ein Parfüm, ein Duft, der Europa erobern und die Generationen bis heute überdauern sollte.

Köln im 18. Jahrhundert

Köln war vom Mittelalter bis in die Neuzeit eine europäische Handelsmetropole. Durch seine territoriale und politische Stellung innerhalb des Machtgefüges des 17. und 18. Jahrhunderts war es so etwas wie eine Drehscheibe für die umgebenden Mächte geworden. Der deutsche Adel, französische Höflinge oder der Kaiser des Heiligen Römischen Reiches logierten in der Stadt. Selbst mit den im Mittelalter aus Köln gejagten Fürstbischöfen pflegte man, bei aller politischen und wirtschaftlichen Konkurrenz, einen über das nur Notwendige hinausgehenden Kontakt. In den vornehmen geistlichen Stiften und Kurien war der Rokokoadel im 18. Jahrhundert dauerhaft in der Stadt vertreten. Adlige ohne eigene Herrschaft richteten sich einen ständigen Wohnsitz in Köln ein, um bequem am geselligen Stadtleben teilhaben zu können. Die vermögende

Bürgerschaft wiederum orientierte sich in ihrer Lebensart an der feudalen Kultur des Adels, nicht zuletzt an dessen Wohnkultur. Man lebte, so Geschmack und Portemonnaie es erlaubten, in vornehmen Palais *à la française*.

Neben aller Armut und dem Elend des größeren Teils der Bevölkerung gab es also auch ein an der europäischen Hofkultur geschultes Erscheinungsbild der Stadt, eine Glanz, Reichtum und Vornehmheit versprühende Lebensart, in die der Parfümeur und Händler Giovanni Maria Farina passgenau hineinsprang. Es gelang ihm mit einem einzigen Produkt, eine Gelenkstelle zwischen dem aufstrebenden Kölner Bürgertum und den konsum- und machtorientierten Adelshöfen Europas zu schaffen. Im Alter von 23 Jahren kreierte er ein Duftwasser, das zum Prototyp eines jeden modernen Parfüms wurde. Er verkaufte es an nahezu alle Fürstenhöfe der alten Welt. Der Name dieser Jahrhundertkreation ist eine Verneigung vor seiner Wahlheimat: „Eau de Cologne".

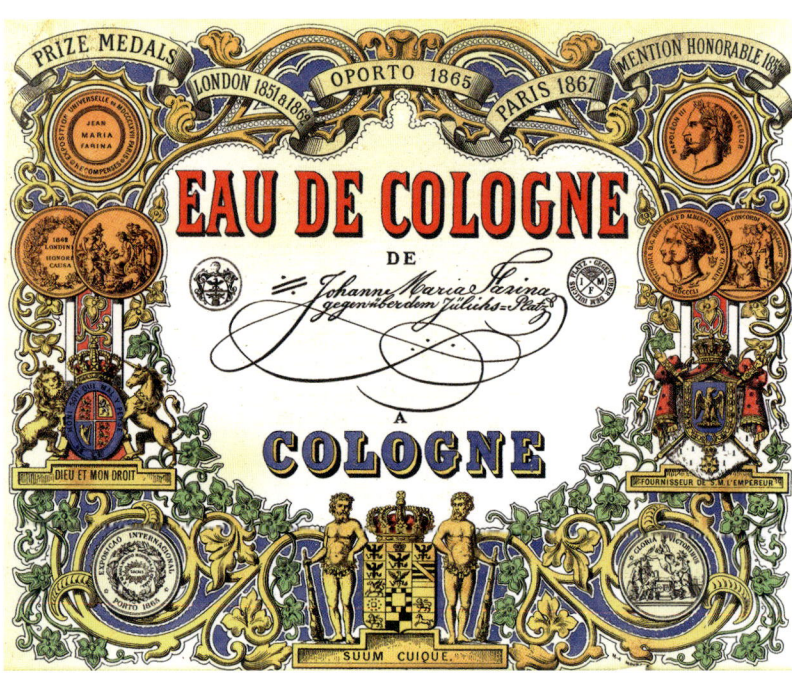

PROVENIENZA ITALIA

Vorhergehende Doppelseite: Die Sonne
Italiens einfangen und zum Duften
bringen – diesem Wunsch geht Farina
nun seit mehr als 300 Jahren nach

Der Hauch des Frühlings

„Ich habe einen Duft gefunden, der mich an einen italienischen Frühlingsmorgen erinnert, an Bergnarzissen, Orangenblüten kurz nach dem Regen. Er erfrischt mich, stärkt meine Sinne und Phantasie", schrieb Giovanni Maria Farina im Jahre 1708 an seinen in Köln lebenden Bruder Giovanni Battista. Gio Battista kannte die Vorliebe des zwei Jahre jüngeren Geschwisters für alles, was riecht. Immer war dieser in Sachen Duft den anderen eine Nasenlänge voraus. Er war die Nase, er war der Parfümeur der Familie. All sein Trachten ging auf die Erfindung edler Düfte. Bereits in jungen Jahren hatte er etwas geschaffen, das ihm die mediterran geprägte südliche Alpenlandschaft seiner italienischen Heimat, den Wechsel ihrer Jahreszeiten, deren sinnliches Aufbegehren gegen den Winter sowie alle Menschen, die dort lebten und ihm teuer waren, jederzeit vergegenwärtigen konnte. Wie Aladins Geist in der Wunderlampe hatte er die Essenz seiner liebsten Erinnerungen in eine Phiole gebannt – und dieser nur für die Nase in Erscheinung tretende Dschinn war ihm allezeit dienstbar.

*Der Duft nach dem Regen: Blick
zum Brunnen im Garten von
Giovanni Maria Farina in Santa
Maria Maggiore*

Giovanni Marias Geist war kostbar und lebendig, er begleitete ihn durch die ganze Welt und ließ ihn nicht im Stich. Was tun auf Reisen, wenn man alleine die Welt befuhr und keinen Stapel Porträts der Lieben oder der geliebten Heimat mit sich schleppen konnte, aber mit einem Riechvermögen begnadet war, das einem jede beliebige Situation und Person auf Atemschnelle in Erinnerung bringen konnte? Giovanni Maria reiste viel, sehr viel. Da war sein zitrusgenährter Duft aus der Flasche der treueste Begleiter.

Bruder Battista in Köln ahnte wohl nicht, als er den Brief las, dass Gio Maria mit seiner Kreation ein Jahrhundertwerk gelungen war. Dieser „italienische Frühlingsmorgen" sollte dessen Leben und das der Generationen nach ihm be-

stimmen. Noch im 21. Jahrhundert zollen junge, innovative Parfümeure Giovanni Maria Farina Anerkennung für die vielleicht bahnbrechendste Leistung ihrer Zunft. In unserer Zeit, in der Parfüms aller Variationen oder mit Duftstoffen versetzte Körperpflege- und Reinigungsmittel Alltag sind, ist „Eau de Cologne" längst zum Inbegriff einer ganzen Gattung von Duftwässern geworden. Doch über Generationen sollte nur Gio Marias Eau de Cologne diesen Namen tragen und sich damit bis heute das Original nennen dürfen. Die einzigartige und geheime Komposition dieses Duftes, gepaart mit dem Genie präzisester, epochenwirksamer Parfümeurskunst, sollte Giovanni Maria – und das ahnte er selbst vielleicht schon, da er genau dies anstrebte – zu einem der erfolgreichsten Geschäftsleute Europas im 18. Jahrhundert machen.

Das Familienwappen der Farinas zeigt einen Sack mit Ähren (Gewerbezeichen der Müller) und einen Adler als Zeichen der habsburgischen Herrschaft im Piemont

DIE GROSSMUTTER

Giovanni Maria war also der Parfümeur, er war die Nase seiner Familie. Solche Attribute sind bemerkenswert für einen Mann, der einer an geruchssensiblen Mitgliedern wahrlich nicht armen Familie angehörte. Seit Generationen lebte diese in Norditalien, im Piemont. 1430 hatte einer der Ahnen mit sechs weiteren Familien dort die Ortschaft Santa Maria Maggiore begründet, das halbe Land im Umkreis gehörte den Farinas.

Giovanni Maria kam 1685 als zweites von vier Kindern der Eheleute Giovanni Antonio Farina und Lucia Salina zur Welt. Eine besonders innige Beziehung hatte er zu seiner Großmutter Caterina Gennari, der Mutter seines Vaters. Die 1622 geborene Frau entstammte einer alten Familie von Aromatiseuren und führte Giovanni schon als Kind in die Welt der Düfte ein. Früh hatte sie die außerordentliche, über das Vermächtnis der Gennaris hinausragende olfaktorische Begabung ihres Enkels erkannt. Die *Nonna* machte Gio mit der blumenreichen Bergwelt Norditaliens bekannt. Sie lehrte ihn die Aromen von Bergnarzissen, Veilchen oder allen Arten von Zitrus mit der Nase zu klassifizieren. Gio aber stieg die Sprossen des Wissens, welche die Großmutter ihm wies, schneller hinauf, als sie nachkam, und witterte bald schon alle Einflussfaktoren, denen die Pflanzen im Wachstum ausgesetzt gewesen waren – Standort, Klima, Erntezeit –, aus ihrem Duft heraus.

Und nicht nur in diesem Vermögen war Gio seiner Großmutter schnell weit voraus. Intuitiv erfasste er die Wirkung einer jeden Essenz auf den Menschen, etwa die stimmungsaufhellende Frische der Bergamotte oder die entspannende,

Eine reife Frucht der Bergamotte –
Farina entdeckte die sensationellen
Möglichkeiten der jungen Zitrusart

mental belebende Kraft des Petitgrain. Auch das entsprach altem Aromatiseurswissen. Doch Gio Maria trachtete dies Wissen zu vervollkommnen, indem er in eigenen Aromenmischungen durch immer andere Mengenverhältnisse und Kompositionen die einzelnen Wirkungen zu harmonisieren und zu steigern suchte. Dabei ging es ihm nicht um die medizinische Wirkung der Extrakte. Er blieb von Anfang an bei seinen Leisten: Er wollte Parfüms machen. Es ging ihm um den Duft, letztlich um *den* Duft. Das, was die besten Aromen in ihrer besten Erscheinungsform waren, wollte er noch einmal potenzieren und veredeln.

BOTE DES DUFTS

Auch dafür stellte ihm das Wissen seiner Großmutter einen nun wirklich unabdingbaren Schatz zur Verfügung. Italienische Aromatiseure des 17. Jahrhunderts wussten bereits um die Kunst, reinen Alkohol (Ethanol) aus edlen Weinen zu destillieren. Nur im Alkohol können die aus Blüten, Früchten oder balsamischen Essenzen gewonnenen Duftstoffe zufriedenstellend gelöst werden. Nur der Alkohol kann das reine Aroma der Essenzen den Geruchsnerven unverfälscht offerieren. Er vermengt nicht Körpergeruch und Parfümaromen, sondern

*Das Duftmuseum im Stammhaus
bewahrt Hunderte von Monodüften
und Rückstellmustern von Essenzen
seit dem 18. Jahrhundert*

hüllt die Duftstoffe eines Parfüms um dessen Träger. Er war und ist das einzige sich selbst zurücknehmende, flüchtige Sendmittel eines jeden Parfüms, der ideale Botenstoff eines jeglichen Wohlgeruchs.

Im zisalpinen Europa war dieser Hermes der Essenzen um 1700 noch völlig unbekannt. Durch Gärung gewonnener Weingeist oder „Fusel" war zwar schon seit Jahrhunderten in rauen Mengen durch Köpfe und Mägen geronnen. Fusel besitzt aber außer Ethanol noch eine Menge anderer Bestandteile, die einen gehorigen Einfluss auf dessen Verträglichkeit und den Geschmack nehmen. Bei nicht fachgerechter Destillation kann sich auch Methylalkohol anreichern, der in jedem Fall gesundheitsschädigend ist oder, höher dosiert, sogar tödlich wirkt. Bewahre! Anders als beim reinen Dschinn aus der Flasche kann man gegen diesen Ungeist nur ein „*Apage Satanas! –* Weiche Satan!" rufen.

In der Hochkultur Arabiens wusste man schon im Mittelalter, wie man Alkohol in höchster Reinheit destilliert. Das Alkoholverbot durch den Propheten Mohammed verdrängte aber jenes Wissen. Doch wie so viele andere Kenntnisse aus dem Orient und Nordafrika überdauerte auch die Kunst der Alkoholdestillation in Südeuropa, in den Mischlabors arabisch-westlicher Kulturen. Über Sizilien gelangte sie im Mittelalter bis nach Norditalien, im Wirken italienischer Aromatiseure lebte sie weiter. Aber über die Alpen schaffte sie es nicht.

So war etwa dem hochgelehrten Albertus Magnus in Köln, welcher zwar über den arabischen Philosophen Averroës die Lehre des Aristoteles kennenlernte und vor 800 Jahren die mittelalterliche Scholastik mitprägte, nur eine sehr primitive Art der Weingeistdestillation durch Erhitzen im offenen Gefäß bekannt. Albert, Doktor an der Kölner Dominikanerhochschule und Lehrer des berühmten Thomas von Aquin, experimentierte leidenschaftlich. Er war ein Wegbereiter der modernen Naturwissenschaften. Da es dem frommen Mann aber nur um Erkenntnis, nicht um Genuss ging, interessierten ihn die bei seiner Art von Destillation auftretenden Alkoholdämpfe nur in Hinsicht ihrer brennbaren Eigenschaften. Dabei war er von der Suche nach anderen, löblichen Qualitäten des Alkohols gar nicht so weit entfernt. Einst flößte er einer totstarren Schlange im bitterkalten Kreuzgang der Kölner Klosterkirche Heilig Kreuz Wein ein.

Antik-römischer Glasflakon. In solchen Gefäßen wurde vor 2000 Jahren auch in Köln Duftöl für den Gebrauch zuhause oder in den Thermen portioniert.

Siehe da, das Tier regte sich und wollte mehr. Selbst die Schlange (das Böse) giert nach dem Guten (der Wein, das Blut Christi), *dixit Albertus*. Mit Parfüm hat das aber nichts zu tun, und so kehren wir zum allerersten Gebieter über den duftrelevanten Aspekt des Ethanol zurück.

ARKADIEN

Giovanni Maria Farina beherrschte die Kunst der Destillation perfekt. Immer neue Essenzen brachte er in Verbindung mit dem absoluten Geist des Weines. Auch die mediterranen oder aus dem Maghreb stammenden Düfte von Bergamotte, Pampelmuse oder Neroli, welche er immer wieder zu Hauptakteuren seiner Mischungen erkor, waren in Nord- und Westeuropa lange unbekannt. Diese Früchte waren eine *terra incognita*, eine unbekannte Welt. Im 16. Jahrhundert begannen wohl europäische Fürstenhöfe kleine Schulen von Orangen- und Zitronenbäumen anzulegen. 200 Jahre später war es in der adligen Gesellschaft fast eine Selbstverständlichkeit, dass man sich beim Neubau eines Schlosses auch eine Orangerie errichten ließ. Die hellen, mit großen Fenstern versehenen Gewächshäuser dienten lediglich der Zucht und der Zurschaustellung exotischer Pflanzen. Das große Vorbild dafür fand sich, wie bei so vielem in der Zeit des Rokoko, am Hofe des französischen Königs in Versailles.

Aller Nutzen der leicht und erfrischend duftenden Zitruspflanzen war im 18. Jahrhundert vor allem im Bereich der Etikette zu finden. Die verschwenderisch teuren, aus beinah unerreichbaren südlichen Regionen stammenden und damit schwer zu beschaffenden, im Norden kaum zu ziehenden Pflanzen und Früchte galten über Jahrhunderte als der Inbegriff von Licht, Freude und Schönheit. Sie waren höchst bedeutsame Zeichen für den Reichtum und das Glück ihrer Besitzer. Sie waren Himmelsfrüchte! Eine Zitruspflanze im kalten Europa nördlich der Alpen stellte für die adlige Gesellschaft den handfesten Beweis dar, dass es das Paradies auf Erden doch gebe. Zwar leider nicht hier und lange nicht für jeden, aber da sich der Adel sicher war, den besseren und von Gott erkorenen Teil der Menschheit zu repräsentieren, leistete man sich solch ungeheuren Luxus und nahm jenes Paradies aus ferner Welt in seinen hiesigen wettergeschützten Heimen auf.

Im 18. Jahrhundert war die adlige Gesellschaft mit ihrer Zitrussehnsucht nicht mehr allein. Wer reiste – Händler, Pilger –, konnte, wenn er nur weit genug in den Süden kam, jene Gaben aus der Sonne Füllhorn ebenfalls genießen. Damals begannen das Ferne und das Fremde immer mehr Menschen in Westeuropa zu locken. Goethe fasste die alle Schichten ergreifende Suche nach arkadischem, sonnig-sorgenfreiem und liebendem Glück im Gedicht „Mignon" zusammen:

*Kennst du das Land, wo die Zitronen blühn,
Im dunkeln Laub die Gold-Orangen glühn,
Ein sanfter Wind vom blauen Himmel weht,
Die Myrte still und hoch der Lorbeer steht,
kennst du es wohl?
Dahin! Dahin
Möcht ich mit dir, o mein Geliebter, ziehn.*

*Prachtvoll kolorierte Grafik
der Bergamotte: Blattrispe,
Frucht und Blüte*

Aus der Sehnsucht, wie sie in dieser ersten Strophe aufscheint, zehrt sich bis heute unsere Lust am Reisen. Und Giovanni Maria Farina? Er zog von Italien an den Niederrhein, nach Köln. Auch er brachte sein Arkadien in Gestalt aller möglichen Arten von Zitrusfrüchten mit. Allerdings ging es ihm um die Seelen dieser Früchte, um ihre Düfte und Aromen. Er verheiratete sie in Köln und sendete sie von dort in die Flitterwochen der ganzen vornehmen Alten Welt. Die Menschen sollten sich mithilfe seiner Eau de Cologne nicht nur mit der äußeren Anschauung oder einem Traumbild vom Paradies begnügen – sie sollten sich selbst wie eine arkadische Sonnengarbe, wie eine Allegorie des Südens empfinden dürfen. Mit der ethanolgehobenen Zitrusnote im Kopf des Parfüms konnte man sich in Köln, Bonn, Paris, Versailles, Potsdam, Wien oder St. Petersburg mit mediterranem Fluidum umgeben. In Verbindung mit der Haut versprachen Herz und Fond der Eau de Cologne ein individuelles, Glück und frischen Geist versprechendes Odeur der Person. „Er erfrischt mich, stärkt meine Sinne und Phantasie", schrieb Gio Maria in dem erwähnten Brief 1708 an seinen Bruder Battista in Köln. „Endlich ein Duft, der den Geist inspiriert", bestätigte einige Jahrzehnte später der Aufklärer Voltaire.

FERNER ONKEL, WEITE WELT

Giovanni Battista Farina musste schon lange geahnt haben, welches Talent in seinem Bruder heranreifte, was für ein Diamant da im nächsten familiären Umfeld sich selber zu schleifen in der Lage war. Über den gerade einmal siebenjährigen Giovanni Maria, Parfümeur in spe, berichtete *Nonna* Caterina Gennari

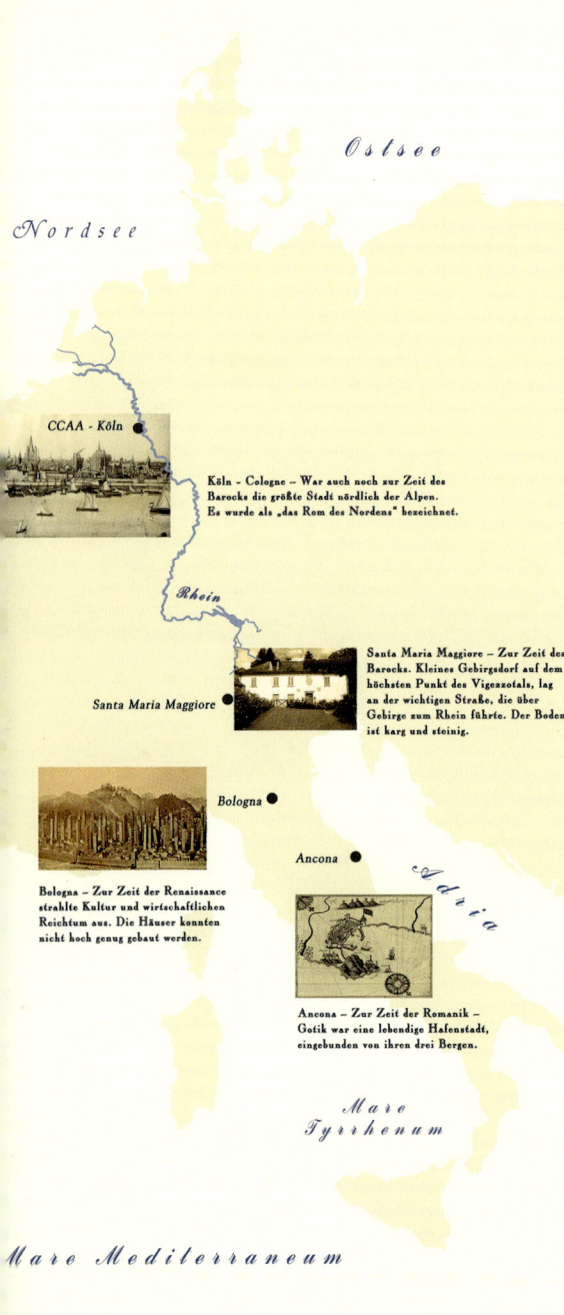

Ostsee

Nordsee

CCAA - Köln

Köln – Cologne – War auch noch zur Zeit des Barocks die größte Stadt nördlich der Alpen. Es wurde als „das Rom des Nordens" bezeichnet.

Rhein

Santa Maria Maggiore – Zur Zeit des Barocks. Kleines Gebirgsdorf auf dem höchsten Punkt des Vigezzotals, lag an der wichtigen Straße, die über Gebirge zum Rhein führte. Der Boden ist karg und steinig.

Santa Maria Maggiore

Bologna

Ancona

Adria

Bologna – Zur Zeit der Renaissance strahlte Kultur und wirtschaftlichen Reichtum aus. Die Häuser konnten nicht hoch genug gebaut werden.

Ancona – Zur Zeit der Romanik – Gotik war eine lebendige Hafenstadt, eingebunden von ihren drei Bergen.

Mare Tyrrhenum

Mare Mediterraneum

ihrem in Maastricht lebenden Sohn Giovanni Maria (auch Gios Onkel väterlicherseits trug, mindestens schon in dritter Generation, diesen Namen): „Mein Wissen, meine Jugend sehe ich in Giovanni. Er ist so anders. Er teilt die Menschen in ‚gut und böse riechen' ein. Er wird es nicht leicht haben, aber seine Nase ist so schnell wie sein Verstand. Du wirst Deine Freude an ihm haben."

Ja, der Onkel wird seine Freude an Gio Maria gehabt haben! Zwar dürfte er weniger an den olfaktorischen Fähigkeiten seines Neffen interessiert gewesen sein, aber er hatte ein anderes Talent des Jungen im Visier, welches nach anfänglichem Zögern dann doch durch des Onkels Hilfe in Erscheinung treten konnte. Onkel Giovanni hatte es, nachdem die Niederlande im 17. Jahrhundert die Handelsmacht Europas geworden waren, weit gebracht. Er besaß mehrere Handelskontore und war Mitglied des Maastrichter Stadtrates. Darauf war die Farina-Familie stolz, dass er, nein, dass sie es mit diesem Mann geschafft hatten, im *global play* ihrer Zeit um 1700 mitzuspielen. Mit 14 Jahren sollte Gio Maria bei Giovanni Maria, dem Ratsherrn und Händler, eine Handelslehre antreten. Es war üblich, dass die männlichen Nachkommen der Farinas zu jener Zeit eine Ausbildung bei Giovanni Maria in Maastricht genossen. Das wurde auch von der jungen, begabten Nase erwartet. Giovanni entsprach diesem Wunsch, wenn auch widerwillig. Zunächst suchte er sich ihm zu widersetzen. Schließlich aber fügte er sich der Familienraison und trat bald nach 1700 ins Geschäft seines Onkels ein.

Giovanni Marias späteres Geschick in der Vermarktung der Eau de Cologne gibt Anlass anzunehmen, dass er die Zeit in Diensten seines Onkels fleißig genutzt hat. Sein ureigenstes Interesse vergaß er dennoch nicht. Es drängte ihn auch bei Giovanni dem Ratsherrn immer den Düften nach. Er sog sie ein. Er entwarf sie. Er wollte seinen vom Talent vorgezeichneten Weg gehen, immer der Nase nach. Und daran ließ er gegenüber der Familie nie einen Zweifel. Als er sich anlässlich einer Geschäftsreise im Auftrag des Onkels in Rom aufhielt, schrieb er über die Ewige Stadt: „Wie anders ist doch Rom, nichts erinnert an den Reichtum

Elegante Fassade eines Geschäftshauses von 1773 in Maastrichts vornehmer Stokstraat

Venedigs, gewaltig die leeren Bauten, endlos die gepflasterten Straßen, die so staubig wie trocken in der Nase kitzeln. Der Geruch des Lavendel hängt in den Bäumen, vermischt mit trockenen Gräsern. Anders als unser Lavendel, der den Sommer mit Frische unterstreicht." Im Grunde war die jahrtausendealte Stadt am Tiber für Gio Maria den Parfümeur wohl nur das – ein ungeheurer Kitzel für die Nase! 16 Jahre zählte er nun, und der in der Welt des Geruchs Beheimatete begann die Gerüche der Welt zu sammeln.

Auf immer neuen Reisen lernte Giovanni Maria die Düfte der großen Städte, der Völker und der fernen Länder kennen. Bis zum 19. Lebensjahr bereiste er im Namen des Onkels Deutschland, die Niederlande, Italien und Frankreich. Nach 1714, als er sich endgültig in Köln niedergelassen hatte, ging es im Eigenauftrag weiter nach England, Spanien oder Istanbul. Die beschwerliche Reise in die Hauptstadt der Osmanen wurde ihm durch den Blumenreichtum in der Stadt, die Sauberkeit der uralten, eine halbe Million Einwohner zählenden Megametropole und über den schwelgerischen Gebrauch von Düften und Aromen durch die dort lebenden Menschen gesüßt. So teilte er es in einem Brief an einen Freund und Geschäftspartner in Brüssel mit.

Genua, London, Rom, Versailles, Rotterdam, Madrid, Wien, Istanbul, von der Nordsee bis zum Mittelmeer, vom Atlantik bis zum Bosporus – im Netz der europäischen Metropolen bewegte sich Giovanni Maria ein Leben lang. Alle Orte und Personen klassifizierte er nach Gerüchen. Er kartierte die Welt unter olfaktorischen Gesichtspunkten. Noch im hohen Alter konnte er sich jederzeit den Duft der Lagunen Venedigs in allen Einzelheiten in die Nase und die lustvollen Windungen seines Gehirns rufen. Vermengt mit den Aromen von Stein und Putz der prachtvollen Paläste und Kirchen und den Gerüchen der dort ein- und ausgehenden, in den Gondeln sitzenden und über die Brücken strömenden Menschen, hatte jeder Kanal, jeder Winkel und jede Piazza ein eigenes Geruchsbild in ihm hinterlassen. Selbst die Herkunft und die Tätigkeiten der Menschen lernte er mit der Nase zu unterscheiden. Das Land, die Region, ihre Arbeit – dies alles erkannte er später mit geschlossenen Augen.

COLONIA

Die ersehnte Gelegenheit, sich endlich exklusiv dem Vermögen seiner Nase zu widmen und seinen guten Riecher zur Kultivierung des Geruchssinns in Europa einzusetzen, bot ihm Köln. Just von der alten Handelsstadt im Westen des Reiches aus sollte sich der Ruhm seiner Parfümeurskunst verbreiten. Warum, so fragen Sie vielleicht, warum gerade Köln? Was war denn damals Köln?, so die landläufige Meinung bis heute.

Vorderhand gab es für Giovanni Maria den Parfümeur einen familiären Anlass, sich in der Stadt am Rhein niederzulassen. Bereits 1706 hatte er Köln als Handelsrepräsentant seines Onkels kennengelernt und länger in der Großen Budengasse residiert. 1709 zog nun Bruder Giovanni Battista hierher und mietete sich – wieder griff Giovanni Maria, der Ratsherr und Händler in Maastricht, hilfreich unter die Arme – auf zwölf Jahre „in der großen bottengassen und Goldschmidts orth" (heute Unter Goldschmied/Ecke Große Budengasse) ein. Noch im gleichen Jahr gründete er hier im Haus „Zur Stadt Brüssel" das Kommissions- und Speditionsgeschäft „Farina & Compagnie".

Seit jenem Brief, in dem Giovanni Maria von der Erfindung seines „italienischen Frühlingsmorgens" geschrieben hatte, beäugte Giovanni Battista das Tun des Bruders eher argwöhnisch. Ständig rührte der in Tiegeln herum und schwenkte mit Aromen und Essenzen gefüllte Glaskolben vor der Nase. Hatte Gio am Her-

Maison Johann Maria Farina
Place Juliers à Cologne

Der 1407–14 erbaute Kölner Ratsturm sollte ein Zeichen der Eigenständigkeit und Größe Kölns sein. 124 moderne Steinfiguren zeigen Persönlichkeiten aus der Stadtgeschichte.

stellen von Duftwässern mehr Gefallen als am Geschäft? Würde er zu einem nützlichen, die Geschäfte befördernden Familienmitglied werden oder war er nur ein Träumer? Doch Giovanni Maria hatte sich bei dem Onkel in Maastricht als Kaufmann gut gemacht. Vielleicht bot ja seine exklusive Leidenschaft für die Welt der Düfte auch eine Aussicht auf wirtschaftlichen Erfolg. So lud Giovanni Battista seinen Bruder ein, dem Kölner Geschäft beizutreten. „Deine Wässerchen kannst Du auch hier mixen. Wir räumen Dir genug Platz ein", versicherte er ihm. 1714 folgte Giovanni Maria der Einladung und wurde Teilhaber des Unternehmens. Vier Jahre später ließ er sich dann endgültig in Köln nieder. Die Familie in Santa Maria Maggiore hatte schon vorab ihre Erlaubnis zum Umzug an den Rhein erteilt: „Man fand mein Vorhaben gut", ließ Giovanni Maria seinem Bruder ausrichten. Dass sich die Farinas aber ausgerechnet für Köln als Standort entschieden, hatte auch tiefere Gründe. Die Stadt war zwar seit Eröffnung des Seehandels durch die Holländer nicht mehr der konkurrenzlose Stern am rheinisch-maasländischen Wirtschaftshimmel. Doch die günstige Lage am ganzjährig befahrbaren Strom – bis ins 19. Jahrhundert war der Rhein wichtigster Handelsweg Europas –, die reichsstädtischen Privilegien Kölns und die zentrale, von mehreren Fürstentümern des alten Reiches und angrenzenden Großmächten wie Frankreich umgebene Lage dürften dem Unternehmen hinreichenden Erfolg versprochen haben. Nicht zuletzt schloss die Neugründung eine wichtige Lücke in der Handelskette zwischen Maastricht und Mailand.

An der Nordwestecke des 2. Obergeschosses des Ratsturmes träufelt Johann Maria Farina (Olaf Höhnen, 2008) Eau de Cologne auf ein Tuch

Köln besaß zudem Größe, auch im 18. Jahrhundert. Es besaß Ruhm, der sich aus seiner mehr als eineinhalb Jahrtausende währenden Stadtgeschichte speiste. Seitdem die bereits unter dem römischen Kaiserpaar Agrippina der Jüngeren und Kaiser Claudius begünstigte Stadt im Jahre 90 nach Christus zum Verwaltungszentrum der Provinz Niedergermanien aufgestiegen war, stellte Köln von der Antike bis zum Frühmittelalter eines der wichtigsten Macht- und Bevölkerungszentren im Westen Europas dar. Mehrere Frankenherrscher residierten im ehemaligen römischen Statthalterpalast. Mit der Erhebung Hildebolds zum ersten Kölner Erzbischof durch Karl den Großen im Jahre 799 begann auch der Aufstieg der Kölner Kirche zu einem der entscheidenden Faktoren innerhalb des Machtgefüges Europas bis weit in die Neuzeit. Bruno, der Bruder Ottos des Großen, wurde als erster Kölner Erzbischof zum weltlichen Fürsten und Erzkanzler des Reiches ernannt, mithin zur rechten Hand des römisch-deutschen Kaisers. Pilgrim erhielt als erster Kölner Erzbischof das Recht, die deutschen Könige und später auch die Kaiser zu salben und zu krönen.

Auch was gesellschaftliche Entwicklungen betrifft, war Köln, wenn man das Attribut „erste" als Kennzeichen von Größe nimmt, vorrangig gegenüber vielen anderen Städten. Köln besaß den ersten nachweisbaren Stadtrat und das früheste nachweisbare Rathaus in Deutschland. Der Dombau war das größte und ehrgeizigste Bauprojekt des Hochmittelalters. Mit Albertus Magnus und seinem Schüler Thomas von Aquin war Köln im Mittelalter ein Zentrum des europäischen Geisteslebens. Die Gründung der Universität im Jahre 1388 war die erste städtische Universitätsgründung überhaupt. Und schließlich: Im 17. Jahrhundert war Köln ein Zentrum des Buchdrucks, im 18. Jahrhundert eines des Zeitungswesens.

SCHÖNES KÖLN!

Seit dem 16. Jahrhundert machte man sich auf Seiten der Kölner Bürgerschaft immer wieder die römisch-antike Herkunft der Stadt bewusst und zog daraus sein politisches Selbstbewusstsein – dies vor allem gegenüber den seit 1288 mit der Schlacht von Worringen entmachteten Erzbischöfen. Kölns Bischöfe suchten zwar bis zum Ende der reichsstädtischen Zeit durch juristische Prozesse oder Androhung militärischer Gewalt die Stadt wieder in ihren Besitz zu bringen. Den Bürgern gelang es jedoch, sich gegenüber allen „Anschlägen" der Bischöfe erfolgreich zur Wehr zu setzen. Einer politisch, wirtschaftlich und juristisch schwachen Stadt wäre das über eine Gesamtzeit von mehr als 500 Jahren niemals möglich gewesen.

Glaubt man allerdings einigen Reiseberichten des 18. Jahrhunderts, so erhält man den Eindruck, dass Köln in dieser Zeit längst schon nicht einmal mehr im Vorhof jener langen Ruhmeskette weilte. Diese Berichte wurden so oft kolportiert, dass sie hier nicht wiederholt werden müssen. Sicher, es gab im 18. Jahrhundert auch Schmutz und Elend in der Stadt. Aber wohl nicht mehr oder weniger als in anderen Großstädten auch. Die vernichtenden Urteile über Köln müssen vorsichtig gelesen werden, denn sie waren ideologisch motiviert, haben allesamt eine stark antikatholische Tendenz. Es lassen sich aber auch Zeugnisse finden, die ein ganz anderes Bild zeichnen. Diese Berichte sind zwar nicht weniger, nun von der anderen Seite, konfessionell gestimmt. Sie können aber ohne weiteres zur Relativierung des üblichen Kölnbildes zur Zeit des Barock beitragen. Zum Beispiel eine Notiz Johann Arnold Reinbolds, der 1705 als kurpfälzischer Privatsekretär nach Köln kam. Seinerzeit sollte in Kurpfalz der Katholizismus gegen die evangelische Mehrheit in der eigenen Bevölkerung von oben durchgesetzt werden. Reinbold bemerkte über Köln: „Woran wäre diese edele Stadt nicht reich?" Insbesondere hob er die Pracht des Kölner

*In einer Anzeige von 1932 warb Farina
mit der berühmten Silhouette Kölns in
der Barockzeit*

„katholischen" (so schrieb er tatsächlich) Rathauses hervor und
den Dom.

Oder 1733: In diesem Jahr nahm
der Leipziger Buchhändler und
Verleger Johann Heinrich Zedler
einen Artikel über Köln in sein
„Großes vollständiges Universal
Lexikon aller Wissenschaften und
Künste" auf. Zedler wuchs zu einer
Zeit in Breslau auf, als dort von
den Habsburgern die Gegenrefor-
mation gefördert wurde. Über
Köln urteilte Zedler ähnlich wie
Reinbold: „Unter den weltlichen
Gebäuden, welche dieser Stadt ein
großes Ansehen geben, sind vornehmlich die beyden Palläste des
Churfürsten und das sehr kostbare
Rathauß." Auch bei Zedler gibt es
lobende Worte über den Dom. Und
das in einer Zeit, in der die Gegner
des gotischen Stils in der deutli-
chen Mehrzahl waren.

Tatsächlich gab es in Köln eine
ausgeprägte barocke Stadt- und
Baukultur. Purifizierungen des 19.
und Stadtsanierungen des frühen
20. Jahrhunderts und schließlich
der Zweite Weltkrieg haben von
der ehemals reichen Barockgestalt
Kölns aber kaum etwas belassen.

Das Farina-Haus von 1897–99 (Architekten: Emil Schreiterer und Bernhard Below) war eine neubarocke Schöpfung

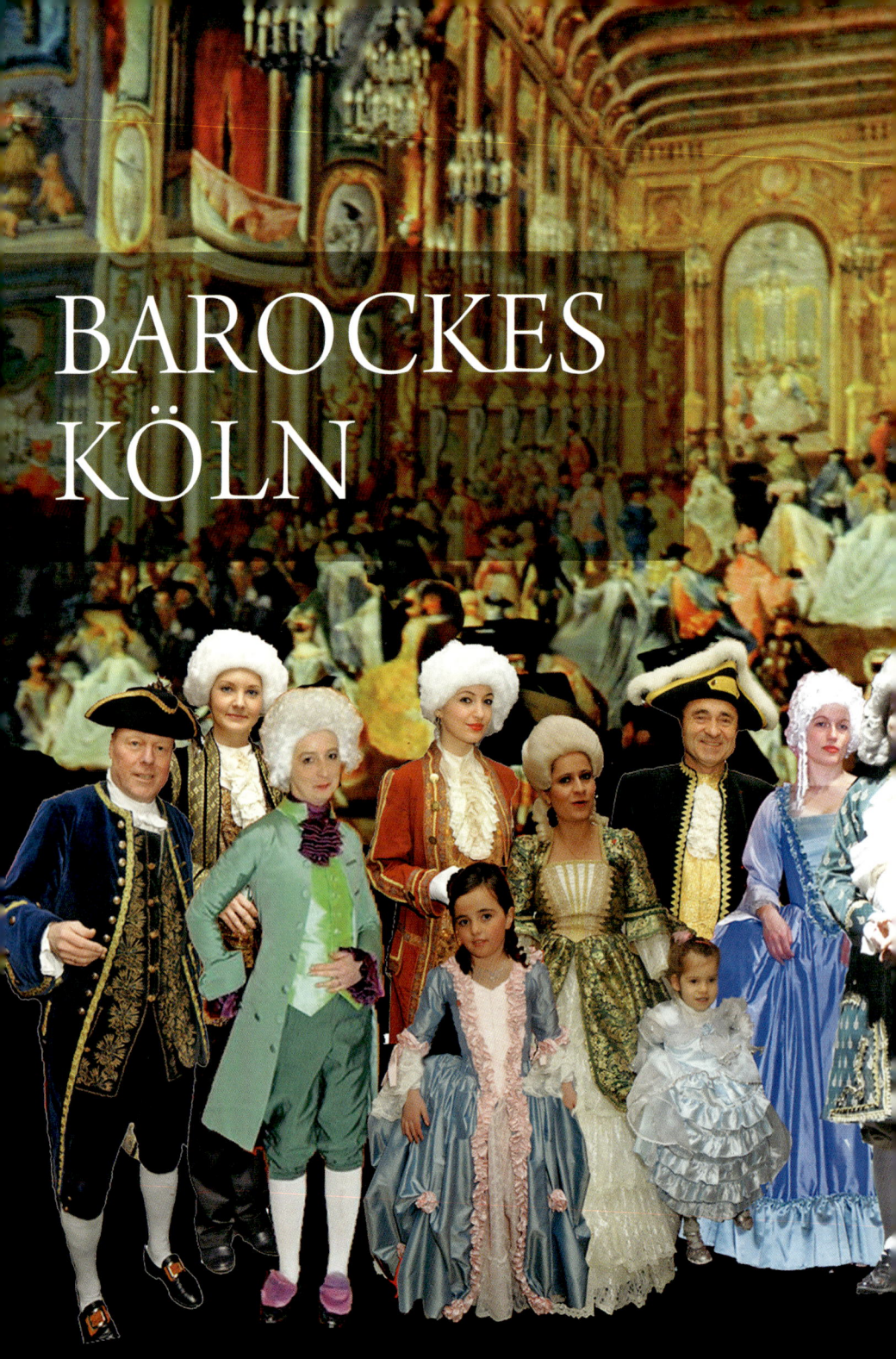

BAROCKES KÖLN

Französisch Kram

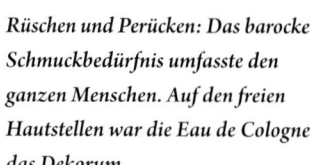

A lso Köln! Nach seinem Eintritt in das Unternehmen des Bruders erweiterte Giovanni Maria sofort das Warensortiment und begann mit dem Einkauf und der Herstellung von ätherischen Essenzen zur Parfümproduktion. Gerade an seinen Aktivitäten zeigte sich, dass das Interesse und Selbstverständnis der Farinas sich nicht auf Köln beschränken ließen. Man dachte und handelte (im wahrsten Sinne des Wortes) weit über dessen Grenzen hinaus. Und das gilt noch immer: „Wir verstehen uns weniger als Kölner, denn als Europäer", so lautet ein Credo der heute in achter Generation in Köln tätigen Familie.

Rüschen und Perücken: Das barocke Schmuckbedürfnis umfasste den ganzen Menschen. Auf den freien Hautstellen war die Eau de Cologne das Dekorum.

Bei „Farina & Co." wurde mit Galanterie- und Seidenwaren aller Art gehandelt. Im Bürgeraufnahmebuch Kölns wird die Handelsware als „Französisch Kram" bezeichnet. Das heißt, es wurden vor allem Seidenwaren, Gold- und Silberartikel, Schnallen, Gürtel, Federn und Perücken verkauft. Aber auch Pomaden sowie Duft- und Toilettenwässer gehörten dazu und damit alles, was die Haute Couture des Rokoko ausmachte. Oder anders gesagt: alles, was die Lebensart des den europäischen Ton angebenden königlichen Hofes in Versailles imitierte. Französisch Kram bedeutete also nicht Krimskrams. Es waren vielmehr teuerste Luxusaccessoires. Der Speditionshandel machte im ganzen 18. Jahrhundert ge-

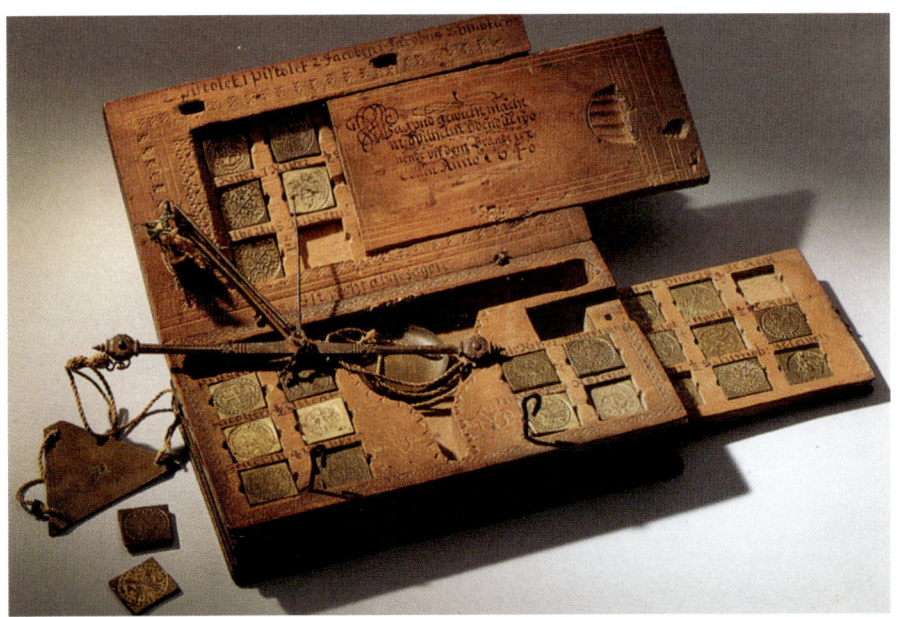

genüber dem, wofür Farina später weltberühmt werden sollte, dem Produkthandel mit Eau de Cologne, quantitativ den Löwenanteil aus. Da aber die Marge bei der Eau de Cologne immer deutlich höher als bei der gesamten Speditionshandelsware war, konnte damit schon bald der Hauptgewinn des Unternehmens erzielt werden.

„Farina & Co." war im 18. Jahrhundert längst nicht das einzige Kölner Unternehmen für Französisch Kram. Nicht nur sie vertrieben Produkte, die vom traditionellen Kölner Gewerbe nicht abgedeckt waren. Doch sie profitierten von einigen Voraussetzungen, die ihnen zu anfangs eher zögerlichem, in den 1750er Jahren dann aber voll anlaufendem Erfolg verhalfen. Außer Giovanni Marias feiner Nase und seinen ausgewählt parfümistischen Interessen waren dies die Tatsache, dass „Farina & Co." in einem freien Gewerbe tätig war – im 18. Jahrhundert lange keine Selbstverständlichkeit –, der Umstand, dass die Familie katholisch war, und zum Letzten, dass sie als Italiener aus einem Land stammten, in dem das Finanzwesen eine lange, auch mit Köln verbundene Tradition besaß.

GÜNSTIGE UMSTÄNDE

Das Kölner Handwerk und der Handel waren im 18. Jahrhundert immer noch an die engen, im Mittelalter erlassenen Regeln des Wirtschaftens gebunden. Dies gab es auch in anderen Städten, beispielsweise in Regensburg. Es wurde aber in Köln durchaus strenger als anderswo gehandhabt. So sollten selbstständige Unternehmer tunlichst in der Stadt geboren sein. Nicht in jedem Fall, wie eben das Beispiel der Farinas zeigt. Aber so war es als Ideal vorgesehen, alles andere war eher die Ausnahme.

Mit dem Erstarken der Niederlande in Kunst und Handel ab etwa 1500 war den Kölnern eine große Konkurrenz erwachsen, gegenüber welcher sich die Zunftgesetze mit ihren restriktiven Handelsbestimmungen mehr und mehr als Klotz am Bein zeigten. Potenzielle Käufer für niederländische, belgische oder andere Importware gab es in Köln zwar noch und noch, aber genau das wurde den einheimischen Zunftgewerbetreibenden zum massiven Problem, weil sie bei

diesem „globalen" Warenaustausch immer weiter außen vor blieben. „Farina & Co." betrieb nun, und das dürfte eine ganz entscheidende Voraussetzung für ihren späteren wirtschaftlichen Erfolg gewesen sein, ein zunftfreies Gewerbe. Der Handel mit Französisch Kram war per se, auch innerhalb Kölns, keinen offiziellen Einschränkungen unterworfen.

Mit dem Erwerb des Großen Bürgerrechtes im Jahre 1711 erhielt Giovanni Battista Farina das aktive und passive Wahlrecht für den Kölner Stadtrat. Er wurde zudem Mitglied in der Gaffel

Schwartzhauß, der politischen Vertretung im Stadtrat, der auch die Blauleinen-
färber und Blautuchhändler angehörten. Auch sein Bruder Giovanni Maria
wurde Bürger Kölns, schrieb sich in die Gaffel Schwartzhauß ein und nannte
sich fortan Johann Maria Farina. Eine wichtige und unumgehbare Bedingung
hatte Köln allerdings an den Erwerb des Bürgerrechtes geknüpft: Nur wer Ka-
tholik war, konnte dessen teilhaftig werden. Mit dem Katholizismus hatten die
italienischstämmigen Farinas natürlich kein Problem. Die in Köln lebenden Protestanten waren dagegen – ebenso wie die Juden – vom Bürgerrecht und damit
vom Wahlrecht und der Mitgliedschaft in der Kölner Stadtregierung gänzlich
ausgeschlossen. Mit gezielten restriktiven Gewerbebestimmungen drängte der
Kölner Stadtrat die evangelischen Gewerbetreibenden zugunsten der katholischen Bevölkerung systematisch aus der Stadt. 1714 erließ der Ehrsame Rat die
„Alt-erneuerte Beysassen Ordnung des Heiligen Römischen Reiches freier Stadt
Cöllen am Rhein", in der den Protestanten nach bereits im 17. Jahrhundert erlassenen strengen Handelsbeschränkungen nun jeglicher Kommissions- und
Speditionshandel untersagt wurde.

Schließlich brachten die Farinas, außer ihrer Zugehörigkeit zur katholischen
Kirche, einen weiteren Vorteil mit nach Köln, der nicht nur in ihrer tatsächli-
chen Befähigung, sondern auch in der kollektiven Wahrnehmung ihrer italienischen Herkunft bestand. Sie kamen aus einem Land, in dem bereits im 14.
Jahrhundert das Bankwesen und der bargeldlose Zahlungsverkehr erfunden
worden waren. Im mittelalterlichen Köln war der Geldhandel offiziell verpönt.
Doch tatsächlich waren schon damals in der Stadt die sogenannten Kawert-
schen gern gesehen, zumeist aus der Lombardei stammende Geldverleiher. Seit

Jahrhunderten waren also „Italiener" an der Entwicklung des Finanzwesens in Köln beteiligt. Sie galten als tüchtige Geschäftsleute, die den Umgang mit Geld beherrschten. Diese Befähigung geschickt eingesetzt versprach in Kombination mit einem zunftfreien Gewerbe eine gehörige Prosperität. Die merkantile Seite in Johann Maria Farinas Wesen dürfte also für seinen Bruder Battista in Köln zunächst die interessantere gewesen sein.

Die Rechnung bei „Farina & Co." konnte aber nur aufgehen, wenn sie nicht bloß eine gute Rechtsgrundlage für ihr Geschäft und ein anständiges Warenangebot besaßen, sondern wenn es auch Käufer für ihren „Kram" gab. Außerhalb Kölns, im aristokratischen Umland der bürgerlichen Enklave, waren diese einfach zu finden. Es gab sie aber auch in Köln. Am Beispiel der Wohnkultur soll die Existenz einer vermögenden, am Feudaladel orientierten Kölner Gesellschaftsschicht im 18. Jahrhundert dokumentiert werden.

FEUDALES BAUEN

Fangen wir mit dem Stadtrat an. Kölns bürgerliche Stadtregenten suchten nicht nur, indem sie jeweils nach der neuesten Mode gekleidet waren, Anschluss an die feudale Gesellschaft. Auch bei den städtischen Bauvorhaben gab man sich in der freien Bürger- und Reichsstadt durchaus „französisch". 1750–52 wurde ein östlich im Rathaus gelegener Fest- und Empfangssaal zu einer der besten Schöpfungen des deutschen Rokoko umgestaltet. Der leider im Zweiten Weltkrieg untergegangene Muschelsaal besaß eine von filigransten Goldstuck-Rocaillen und Allegorien der vier Elemente gerahmte Spiegeldecke. Die Wände zierten Gobelins mit Szenen aus den Türkenkriegen, gefertigt um 1720 in der bedeutenden Brüsseler Werkstatt Josse de Vos'.

Auch was das Wohnen betraf, gab man sich in Köln, so man es sich leisten konnte, *en vogue*. Zwischen 1618 (Baubeginn der Kirche St. Mariä Himmelfahrt) und 1794 (Ende der Feudalzeit im Rheinland und der reichsstädtischen Zeit in Köln) entstanden innerhalb der mittelalterlichen Stadtumgrenzung rund 300 vollständig neue Profanbauten. Meist waren dies Wohnhäuser und Palais, aber

auch Wirtschaftshöfe oder größere Wohn-Geschäfts-Häuser wurden im jeweils „neuesten Stil" gebaut – zunächst nach niederländischem, dann nach italienischem und schließlich nach französischem Vorbild. Kennzeichen der französischen Rokokobauart waren beispielsweise flache, elegante Fassaden und eine geringe Geschosszahl. Die Fassadenwände waren in Pastelltönen gefasst, gerne Rosa oder ein lichtes Gelb in Kombination mit Hellgrau und Weiß der die Fassade gliedernden Elemente. Lediglich ein letztes Beispiel dieser Art ist in Köln mit dem ehemaligen Äbtissinnenhaus von St. Ursula am Ursulaplatz erhalten. Dort ist aber nur noch die Fassade original.

Die Gesamtzahl der Häuser in Köln dürfte im 18. Jahrhundert circa 6000 bis 7000 betragen haben, die Bevölkerungszahl lag seit dem Mittelalter relativ konstant bei etwa 40000 Einwohnern. Innerhalb von 170 Jahren wurden also

knapp fünf Prozent der bestehenden Bausubstanz dem Geschmack der Zeit entsprechend neu errichtet. Das ist nur ein kleiner Prozentsatz, könnte man sagen. Doch er reicht hin, um das Pauschalbild vom rückständigen Schmuddelköln mit einer in prekären Verhältnissen lebenden Bevölkerung zumindest zu differenzieren. Vor der Massenverelendung in der ersten Hälfte des 19. Jahrhunderts, wie sie in bestürzender Weise von Victor Hugo und anderen beschrieben wurde und die in allen europäischen Großstädten anzutreffen war, gab es bis zur Säkularisation 1802 allein über die Mitglieder der großen Stiftsgemeinschaften wie Domstift, St. Gereon oder St. Severin einen großen Anteil vermögender Adliger in Köln. Und der reiche Teil der Bürgerschaft suchte sich, wie bei aufstrebenden Schichten immer der Fall, in Lebenswandel und Wohnkultur dem herrschenden Stand anzupassen.

*Das Lustschloss Miel in Swisttal, für den kur-
kölnischen Minister Caspar Anton Freiherr von
Heyden, genannt Belderbusch errichtet, ist samt
Interieur eine der besterhaltenen Anlagen im
Stile Louis XVI.*

Der Wechsel im Baustil lief teils parallel mit dem Geschmackswandel der großen
Fürstenhöfe im Kölner Umland. Das waren vor allem die Höfe des Kölner Kur-
fürsten und Erzbischofs in Bonn und Brühl sowie die des Herzogs von Jülich-
Berg und Kurfürsten von der Pfalz in Düsseldorf und Bensberg. Johann Wilhelm
II. von der Pfalz beauftragte im Jahre 1703 für den Bau des Bensberger Schlos-
ses den venezianischen Architekten Matteo Alberti. Sicher war dies auch eine
Herzensgeste gegenüber seiner italienischen Gattin und Mit-Bauherrin Anna
Maria Luisa de Medici. Unabhängig von solch persönlichen Bindungen dürfte
des Kölner Kurfürsten Joseph Clemens sechs Jahre zuvor gefällte Entscheidung
gewesen sein, mit dem Neubau der Bonner Residenz den Graubündner Enrico
Zuccalli zu verpflichten. Nachdem sich Joseph Clemens aber im Spanischen

Erbfolgekrieg (1701–14) auf der Seite des französischen Königs gegen den deutschen Kaiser gestellt hatte und deshalb der Reichsacht verfallen war, ging er ins Exil nach Frankreich. Am Versailler Hof lernte er dann den von König Ludwig XIV. zum *Premier architecte du Roi* ernannten Pariser Baumeister Robert

de Cotte kennen. Nach der Rückkehr ins Rheinland (1715) plante Joseph Clemens mit de Cotte in über 500 Briefen mehrere Ergänzungsbauten der Residenz im französischen Stil.

Nimmt man das Jahr 1715 als den Beginn des Rokoko im Rheinland – ein Jahr zuvor war Johann Maria Farina dem Französisch-Kram-Handel seines Bruders beigetreten und hatte sich endgültig in Köln niedergelassen –, dann fällt auf, dass das Gros der barocken Profanbauten Kölns just in diesem Zeitraum entstand. Rund 170 vollständige Neubauten wurden ab 1715 ausgeführt. Dazu kommen an die 20 grundständige Hausumbauten oder komplette Neuausstattungen älterer Häuser im Stil des 18. Jahrhunderts. Auftraggeber dieser Maßnahmen waren die adligen Stifte und einzelne Stiftsangehörige, in Köln

*Der Kupferstich von etwa
1790 zeigt die Gereonstraße
als großzügigen Boulevard
mit dem von Mülheim'schen
Palais im Vordergrund*

niedergelassene Kleinadlige wie der bergische Hofkammerpräsident Graf Franz
Carl von Nesselrode oder der Kurkölnische Oberhofmeister Graf Sigismund von
Salm-Reifferscheidt zu Bedburg mit einem besonders prachtvollen Palais am
Blaubach, sowie wohlanständige und vermögende „Normalbürger".

Eine besondere Stellung in künstlerischer und historischer Hinsicht besaß das
Palais des Bürgermeisters Balthasar von Mülheim von circa 1758 in der Gereonstraße 12. Mit der Restitution des Kölner Erzbistums im Jahre 1824 wurde
das Gebäude als Erzbischöfliches Palais neu genutzt. Nachfolger des im Zweiten
Weltkrieg zerstörten von Mülheim'schen Palais sind das heutige Priesterseminar
und das Erzbischöfliche Palais in der Kardinal-Frings-Straße. Von der ehemals
nach französischem Vorbild eingerichteten barocken Gartenanlage hat sich das
Areal des heutigen erzbischöflichen Parks erhalten.

Das von Mülheim'sche Palais besaß nicht als einziges in Köln einen großzügigen Ziergarten. In den Randzonen um den Kernbereich der Kölner Altstadt war das Anlegen von Gärten wegen der vielen unbebauten und noch bis ins frühe 19. Jahrhundert für den Weinanbau reservierten Flächen in einer ganzen Reihe von Fällen möglich. In der Regel waren auch die Palaisgärten an französischen Vorbildern orientiert. Besonders deutlich war dies am Lustgarten des Farina-Kunden Freiherr Ferdinand von Geyr in der Breite Straße abzulesen. In Höhe der Beletage schloss sich hinter dem Haus eine Terrasse mit Blumenbeet an. Im Gartenparterre folgten dann streng symmetrisch angelegte Rasen- und Heckenrabatte und schließlich von geschwungenen Wegen gefasste, fast zu englischen Gartenformen übergehende weitere Rabatte. Solche Übergänge von der strengen Symmetrie zu organischen Formen und gar natürlichem Bewuchs hatten ihr Vorbild in, man ahnt es, Versailles. Demselben Gestaltungsprinzip folgten auch die Gartenanlagen der kurfürstlichen Schlösser in Brühl und Bonn.

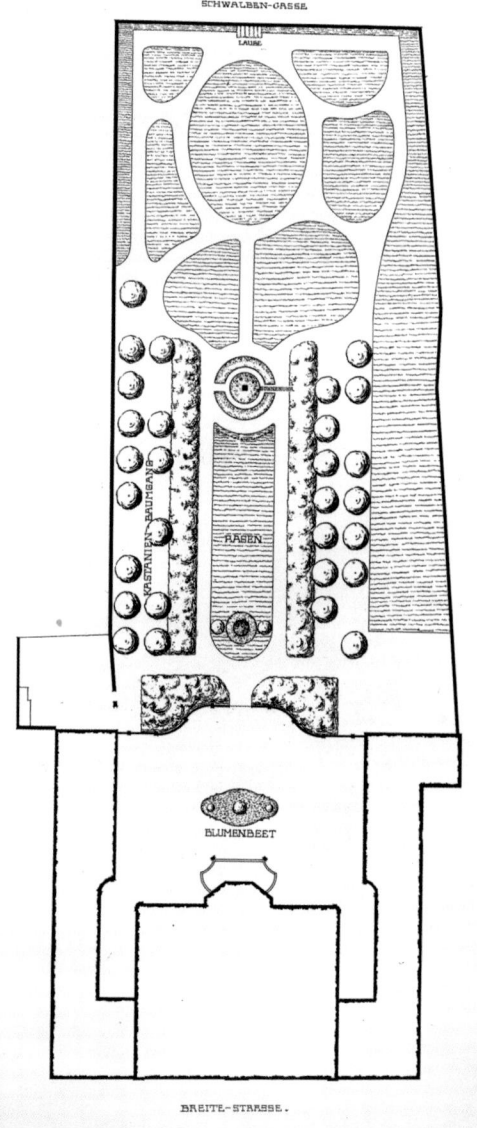

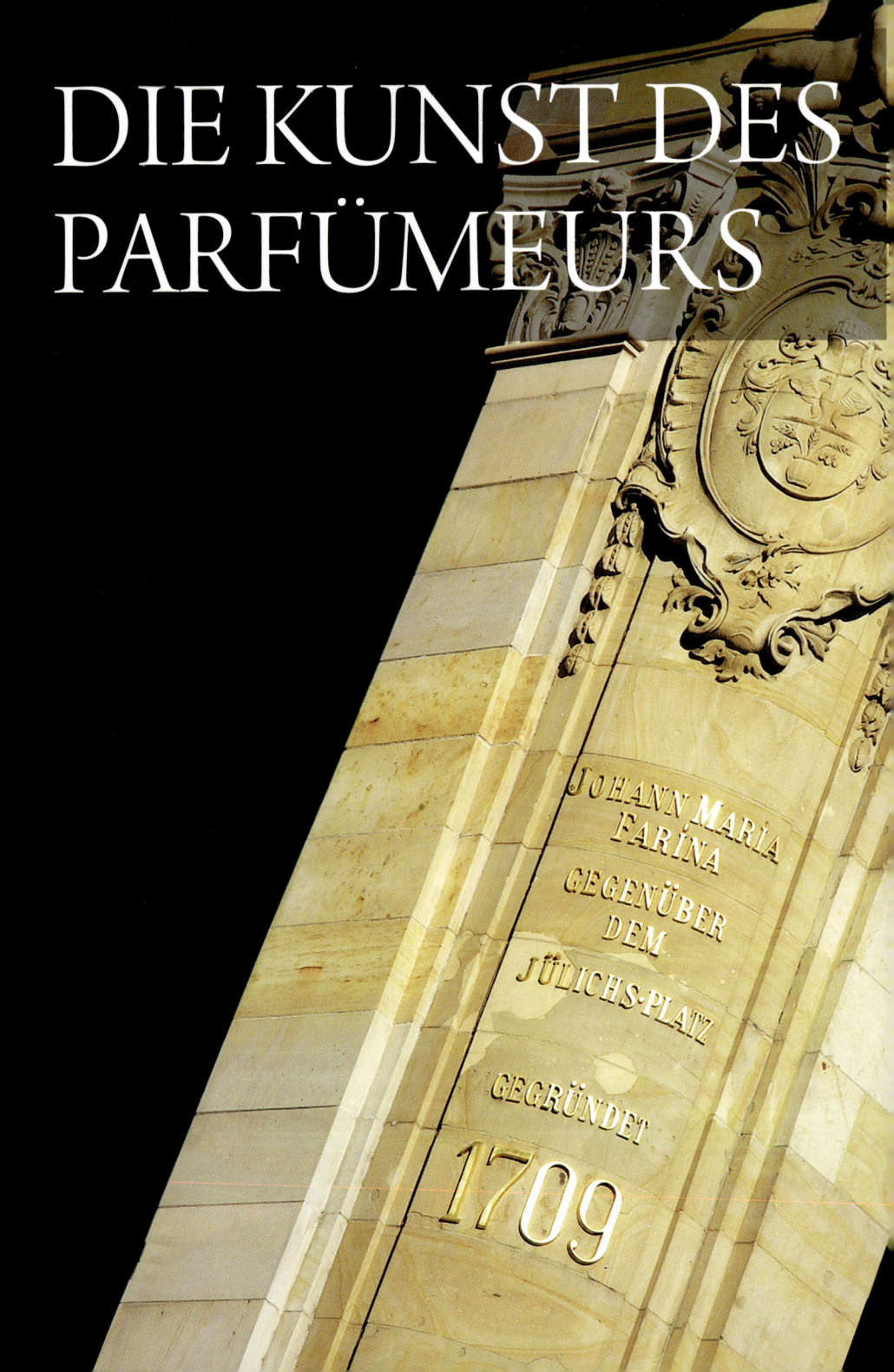

DIE KUNST DES PARFÜMEURS

Fratelli Farina

Seit 1718 führten die Brüder das Handelskontor unter dem Namen „Fratelli Farina". Fünf Jahre später verlegten sie das Geschäft zwei Straßenzüge weiter an die bis heute bestehende Adresse Obenmarspforten gegenüber Gülichplatz. Zu diesem Anlass ergänzte Johann Maria das Sortiment um viele weitere Dinge des luxuriösen Lebens: Silberknöpfe, Kristallbecher oder die beliebten kandierten Früchte. Auch Schokolade – im ganzen 18. und weit bis ins 19. Jahrhundert ein für den Normalbürger unerschwingliches Luxusgut – wurde bei Farina feilgeboten. Die Gründung der ersten Kölner Schokoladenfabrik ging ebenfalls auf einen Farina zurück, nämlich auf Johann Marias ersten Nachfolger in der Unternehmensleitung, seinen Neffen Johann Maria Farina, genannt der Destillateur. Das Quartier nächst dem Rathaus war das vornehmste der Stadt. Alle Straßen waren gepflastert. Aus

*Das Farina-Stammhaus im Empire-Stil
auf dem Fuß eines der Hermeling-Pokale
(nach einem Stich von 1849)*

Reinlichkeitsgründen durften hier keine Tiere gehalten werden. Kutschen und Pferde waren im Umkreis von 100 Metern stationiert. Der nah des Rheines gelegene Heumarkt gehörte zu den größten Stadträumen Europas. In der Reiseliteratur des 17. Jahrhunderts wurde er als schönster Platz Europas nach dem Markusplatz in Venedig gerühmt. Köln, das mittelalterliche Rom des Nordens, galt im Volksmund noch immer als die nördlichste Stadt Italiens.

BESTE QUALITÄT

Die zitrusdurchwehte, südlich-warme Frühlingsfrische der Eau de Cologne hätte Johann Maria in Köln niemals gelingen können, wenn er nicht schon früh mit dem Import mediterraner Früchte und Essenzen wie Petitgrain, Neroli oder Bergamotte aus Italien und Südfrankreich begonnen hätte. Die erste Lieferung von Zitrusfrüchten datiert gemäß den Kontorunterlagen aus dem Jahre 1714. Bereits der Import solcher Ware war Luxus. Aber auch die Gewinnung der Öle in den Hunderte von Kilometern entfernten Anbauregionen war aufwendig und teuer. So mussten die Blüten des Orangenbaumes Stunde um Stunde und tagelang in Schweineschmalz geknetet werden, bis das Blütenöl vom Fett aufgenommen war. Dann wurde das Öl mit Alkohol wieder vom Fett separiert. Diese „Enfleurage" genannte Methode war körperlich sehr anstrengend.

Reinheit und Güte der verwendeten Essenzen hatten für Johann Maria höchste Präferenz. Er wollte immer über alle Wachstumsbedingungen der Pflanzen, die seine Aromen produzierten, und selbst über die Destillationsvorgänge in den Anbauorten genauestens informiert sein. „Ihre teuerste Bergamotte ist für mich nicht gut genug. Wir müssen Besseres finden", monierte er 1719 gegenüber dem Lieferanten Barbieri in Brüssel. Der Händler bezog die Essenzen der Bergamotte, einer nicht zum Verzehr gedachten und fast ausschließlich zur Ölgewinnung für luxuriöse Parfüms oder heute zur Aromatisierung von Earl-Grey-Tee verwendeten Zitrusfrucht, von einem Landwirt im Piemont. „Ich habe Fleury geschrieben, wie er die Bäumchen wässern sollte, ich denke, er hat es nicht beachtet. Bei deiner nächsten Reise beschreibe, wie er wässert, denn darin liegt der ganze Geruch."

*Destillation von Zitrusölen im
18. Jahrhundert im Anbaugebiet
von Grasse, der Hauptstadt der
Essenzengewinnung, Plakat zum
250-jährigen Farina-Jubiläum 1959*

Farinas Unzufriedenheit mit den Essenzenlieferungen des belgischen Händlers resultierte allerdings nicht aus dem Unvermögen des Pflanzers. Sie hatte mit der Exklusivität der Bergamotte in beinahe jeglicher Hinsicht zu tun. Der Bergamottebaum, lateinisch *Citrus bergamia*, ist eine Kreuzung von Zitrone und Bitterorange. Die Art existiert erst seit etwas mehr als 300 Jahren. Nicht bekannt ist, ob die Kreuzung spontan erfolgte oder menschengemacht ist. Allein darin schon hatte also Johann Maria Farinas Nase ihr überragendes Gespür erwiesen, dass sie das Duftpotenzial der seinerzeit soeben erst in Erscheinung getretenen Frucht erkannte. Und das erhöht seinen Ruhm umso mehr: Bis heute steht die Bergamotte, was Qualität und Komplexität der von ihr gewonnenen Essenz angeht, unangefochten an der Spitze der parfümistischen Duftstoffe.

Die Ernte der noch unreifen Früchte der Citrus bergamia – hier Blüte, Fruchtstand und Frucht – beginnt Ende November

Für die Gewinnung des Bergamotteöls wird lediglich die Schale der noch grünen Frucht verwendet. 200 Kilogramm geerntete Früchte ergeben gerade mal einen Liter Öl. Das Öl enthält insgesamt 147 verschiedene Inhaltsstoffe. Circa 50 dieser Inhaltsstoffe machen den Duft der Bergamotte aus, so das Linalylacetat, ein wiederum für sich sehr komplexer Monoterpenoid-Ester mit der chemischen Formel $C_{12}H_{20}O_2$. Was die chemische Analyse so nüchtern und geruchsneutral wiedergibt, ist für den Laien eine farblose Flüssigkeit mit frischem, süßem Geruch. Johann Marias Genie bestand darin, all jene Inhaltsstoffe sowohl im Einzelnen wie auch in ihrer Zusammenwirkung zu erriechen und auf ihre Verwendbarkeit für die Herstellung eines Parfüms hin zu beurteilen. Seine Nase war ihm da ein unbestechlicher und untrüglicher Wegweiser.

Was den Anbau der Bergamotte betraf, so war Johann Maria aber, da diese Frucht seinerzeit noch so unbekannt war, auf das Experiment angewiesen. Der Bergamottebaum ist äußerst empfindlich. Er benötigt sehr spezielle Böden und Klimaverhältnisse für sein Wachstum und Gedeihen. Die idealen Bedingungen herrschen im Falle der *Citrus bergamia* eigentlich nur im kargen und zerklüfteten Massiv des Aspromonte in Kalabrien. An der Stiefelspitze Italiens befindet man sich bereits auf Sichtweite zur Küste Siziliens. Aber bereits dort ist der Anbau der Bergamotte schon wieder kaum möglich. Johann Maria Farina bezog seinerzeit die Bergamotte ebenfalls schon aus der Reggio Calabria. Um die Lieferwege zu verkürzen und vielleicht auch, um diese seine Lieblingsessenz an seine Heimat zu binden, hatte er Versuche angestellt, sie im Piemont anzubauen. Hier kannte er sich bestens mit den klimatischen Bedingungen aus und konnte so seinem belgischen Händler beziehungsweise dem Bergamottebauern Fleury genaue Anweisungen zur Pflege der Pflanzen geben. Doch der Versuch misslang. Die Piemonteser Bergamottefrüchte blieben derart in der Qualität hinter ihren Artverwandten aus dem Aspromonte zurück, dass Johann Maria schließlich alle weiteren Versuche aufgab und nur noch auf Früchte aus dieser südlichsten Region Italiens zurückgriff.

Noch heute ist Bergamotteöl allein deswegen schon kostbar, weil die Pflanze, wie geschildert, nur in sehr beschränktem Umfang angebaut werden kann. Auf einem Hektar wachsen ungefähr 400 Bäume, die nach sechs bis sieben Jahren und unter günstigen Bedingungen 15 Tonnen Früchte jährlich bringen können. Rechnet man das mit der Ergiebigkeit der Früchte für die Gewinnung der Duftessenz hoch, dann sind mit einem Hektar Land im optimalen Falle gerade einmal 75 Liter Bergamotteöl zu machen.

*Grafische Darstellung
der Bergamotte*

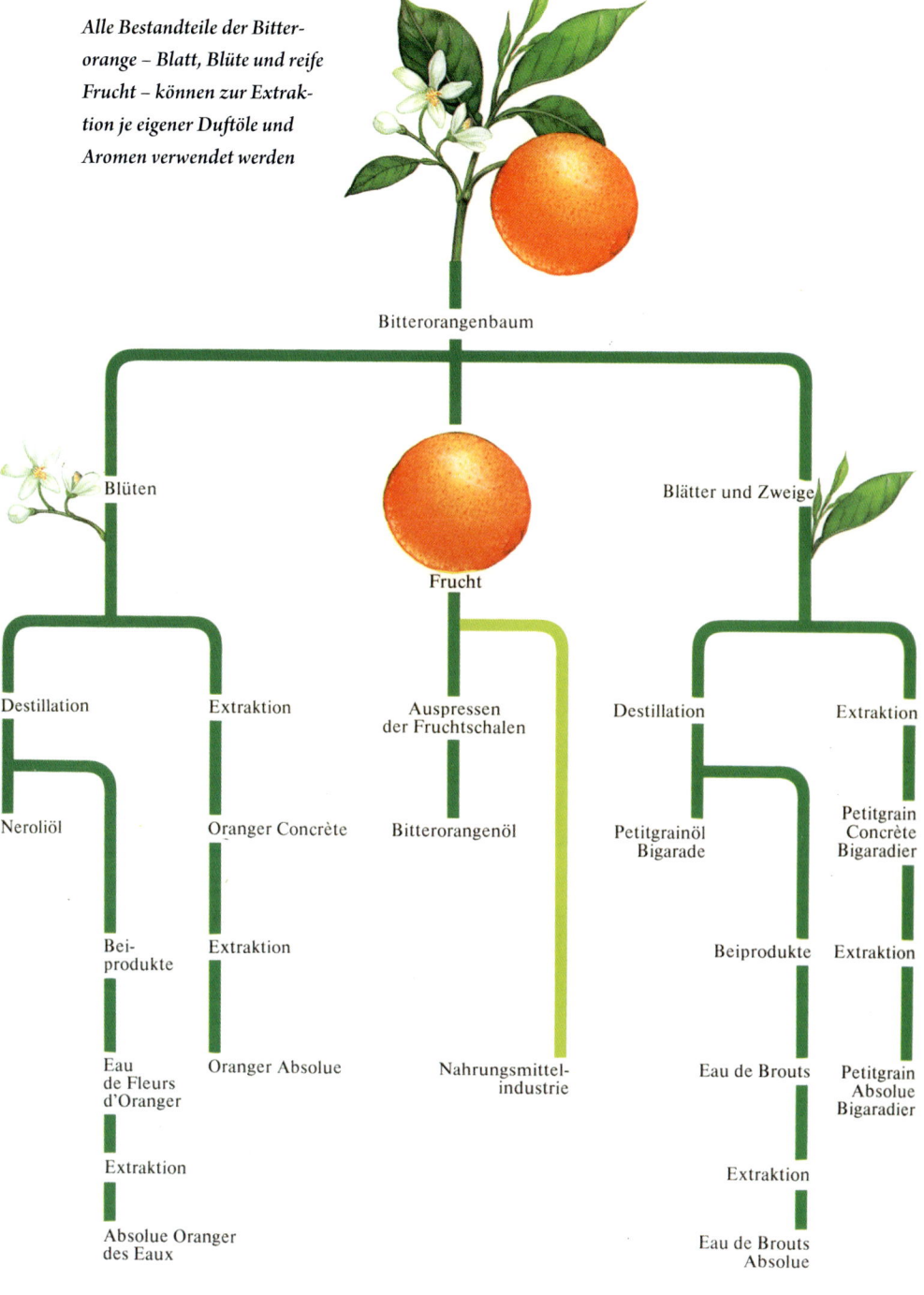

Alle Bestandteile der Bitter-orange – Blatt, Blüte und reife Frucht – können zur Extrak-tion je eigener Duftöle und Aromen verwendet werden

Bitterorangenbaum

Blüten

Frucht

Blätter und Zweige

Destillation

Extraktion

Auspressen der Fruchtschalen

Destillation

Extraktion

Neroliöl

Oranger Concrète

Bitterorangenöl

Petitgrainöl Bigarade

Petitgrain Concrète Bigaradier

Bei-produkte

Extraktion

Beiprodukte

Extraktion

Eau de Fleurs d'Oranger

Oranger Absolue

Nahrungsmittel-industrie

Eau de Brouts

Petitgrain Absolue Bigaradier

Extraktion

Extraktion

Absolue Oranger des Eaux

Eau de Brouts Absolue

Auch in Hinsicht der Transportgefäße oder der Lagerung der Aromenessenzen erwartete Johann Maria Farina höchste Qualität und Sorgfalt. „Jetzt brauche ich das Öl von Bernoni, auch da bin ich nicht zufrieden. Es muss frisch sein und darf nicht zu lange lagern. Auch habe ich das Öl aus dem Kupferbecher in Glas gefüllt. Glas ist immer noch das Beste. Besser als Kupfer. Aber auch Keramik lasse ich gelten, verschlossen mit Leinen und Bienenwachs, kein Harz." Wenn ihm die gelieferten Essenzen nicht gefielen – und das kam, man ahnt es, öfter vor –, dann importierte Johann Maria die ganzen Früchte und destillierte eben selbst. Das war nun wiederum ein ungeheurer logistischer Aufwand. Wie sollten die Früchte allein den wochenlangen Transport nicht nur unbeschadet, sondern auch frisch überstehen? Noch im 19. Jahrhundert war die Einfuhr von Zitrusfrüchten aus dem Süden ein Gegenstand positiver öffentlicher Erregung. „Tolle Sachen bei Farina angekommen", akklamierte die Gazette de Cologne bei solcher Gelegenheit. Mütter hielten damals, so heißt es, ihre Kinder an die Fenster der Parfümmanufaktur, damit die Kleinen den Duft der Früchte einatmen konnten. „Davon werdet ihr gesund", versicherten sie, intuitiv um die abwehrstärkenden Kräfte der damals noch unbekannten Vitamine wissend.

Die Aufnahme von 1924 zeigt den Fasskeller, in dem die Eau de Cologne zwei Jahre reifen musste. Traditionell wurde in Zedernholz- fässern gelagert, die dem Duftwasser einen hellgelben „Barrique-Ton" gaben.

DIE ABSOLUTE NASE

Auch nachdem sich Johann Maria Farina in Köln niedergelassen hatte, bot sich ihm also die ganze Welt der Düfte dar. Dafür sorgte er. Und so, wie er die eben erst auf die Bühne der Natur getretene Bergamotte für sich und damit für die Welt der Parfümeure entdeckt hatte, so war er auch in Köln auf der Suche nach immer neuen Duftstoffen und deren Kombinationen. In den ihm zum „Wässer- chenmixen" zur Verfügung gestellten Räumen von „Fratelli Farina" probierte er alles auf seinen Geruch hin. Er sondierte, beschrieb, mischte Düfte aller Art. Dabei waren für ihn auch solche interessant, die wir heute als Allerweltsgerüche

betrachten. So beobachtete er die ersten Kartoffelverkäufe in Köln. 1741 wurde die Knolle aus der Neuen Welt als „Erdbirne" erstmalig auf dem Alter Markt feilgeboten. Johann Maria kannte die Kartoffel bereits aus Italien. Dort wurde sie schon seit längerem in den Tälern des Piemont angebaut. *Cartuffelo* oder *Tartuffolo* hieß sie dort. Gegessen hat er sie nie, ihn interessierte allein ihr Geruch oder besser: ihre Gerüche. In allen Abstufungen beschrieb er die Duftvariationen der Kartoffel, die, je nachdem ob frisch geerntet, geschält, gekocht oder gepellt, ob gerieben, zerstoßen oder erkaltet, seiner Nase immer wieder eine neue Frucht, welche nur dem Namen nach Vertreterin ein und derselben Art war, offenbarten. Er war Farina der Parfümeur. Er nahm die Welt so wahr, wie es ein Parfümeur nicht anders kann, und er arbeitete so, wie es gute Parfümeure noch heute tun.

Seine Eau de Cologne, der italienische Frühlingsmorgen, war nicht im Labor entstanden, sondern zuallererst in seinem Kopf. Wie ein Dirigent anhand der Partitur, so vergegenwärtigte er sich mittels eigens erfundener und geheim gehaltener Symbole den künftigen Klang der noch nicht gespielten Sinfonie seiner Essenzen. So gab er vielleicht fünf Anteile der Essenz „Brutus" auf zwei Anteile der Essenz „Caesar". Beide Düfte zusammen ergaben nun statt der meuchelnden Iden des März einen Duftakkord, der mehr war als die Summe seiner Teile und gegenüber einem leicht veränderten Mischungsverhältnis so verschieden wie eine Terz von einer Quart. Und diese Akkorde erklangen nur in den Synapsen seines Hirns. Noch bevor Johann Maria die zur Melodie gesteigerte Folge von Akkorden tatsächlich roch und die Sinfonie erschallte, ließ er Dutzende von Essenzen *tutti* und polyphon lediglich in seinem Geist erklingen. In dieser Vorstellungskraft liegt das Vermögen einer absoluten Nase. Johann Maria ging aber noch einen Schritt weiter, einen Schritt, den vor ihm keiner getan: Er wollte, dass diese seine Duftsinfonien immer gleich klängen. Er wollte, dass auch seine Eau de Cologne immer gleich duftete und damit unverwechselbar würde.

Ein solches Vorhaben war vor 300 Jahren überwältigend neu. Denn je nach Jahr und Witterung produziert *Citrus bergamia* Früchte mit voneinander deutlich unterscheidbaren aromatischen Noten. Je nach Beschaffenheit des Bodens ist ein Pampelmusenbaum nicht gleich einem Pampelmusenbaum. Erst eine

Cuvée verschiedener Lagen und Jahrgänge der Essenzen erlaubt einen wieder-
erkennbaren, identischen Duft. Das immer wieder gleich klingende *Concerto
grosso* eines Duftorchesters, das sich nicht bloß aus vier oder fünf, sondern aus
Dutzenden von Instrumentalisten zusammensetzt, galt zu Beginn des 18. Jahrhunderts als unmöglich. So etwas herzustellen käme einer parfümistischen Of-
fenbarung gleich. Aber von genau solcher Art war Farinas Eau de Cologne.
Aus rund 35 verschiedenen Duftessenzen zusammengesetzt, die jede für sich
bis zu 50, in ihrem Verhältnis wiederum variierende geruchsrelevante Inhaltsstoffe besitzen, war sie im Ergebnis doch immer dieselbe. Und das einzige Mess-
instrument in diesem schwierigen Geschäft war – Farinas Nase!

Heute ist es selbstverständlich, wenn ein Parfüm immer gleich riecht. Die syn-
thetische Herstellung von Aromen und Essenzen macht das problemlos möglich.
Man muss lediglich eine festgelegte Mischung der synthetischen Aromen wie-
derholen. Möchte man aber mit natürlichen Aromen arbeiten, und Johann
Maria tat dies alternativlos, dann müssen die Cuvées der Essenzen mit jedem
Jahrgang neu zusammengestellt werden. Johann Maria der Parfümeur legte zu

Blühendes Lavendelfeld in der Provence. In geringen Mengen ist auch Lavendel Bestandteil der Eau de Cologne.

diesem Zwecke bis heute existierende Rückstellproben aller Essenzen und Mixturen an. So wollte er die besonderen Qualitäten eines jeden Jahrgangs festhalten. Er wollte mit dem, was immer wieder aufs Neue eine Nuance anders roch, den immer gleichen Duft kreieren.

Die richtige Mischung der Essenzen musste stets aufs Neue ersonnen werden, damit das Ergebnis, der Duft, identisch blieb. Bis heute produziert Farina die Eau de Cologne weitestgehend mit natürlichen Inhaltsstoffen. Ausnahmen resultieren meist aus Bestimmungen des Arten- und Tierschutzes. So darf beispielsweise das Körpersekret der afrikanischen Zibetkatze nicht mehr in der Parfümindustrie verwendet werden, da der Saft dem Tier nur abgewonnen werden kann, wenn es unter gehörigen Stress gesetzt wird. Die moderne Entscheidung für natürliche Inhaltsstoffe beruht aber nicht nur auf einer tierethisch korrekten Haltung. Die Seele der Eau de Cologne, so die äußerst komplexe Bergamottenote, lässt sich überhaupt nicht synthetisch herstellen. Es gibt keine qualitativ adäquate Alternative zur natürlichen Bergamotte! Das gilt auch für eine Reihe weiterer Inhaltsstoffe.

IN BESTEN KREISEN

The Original Eau de Cologne was distinguished with prize medals or diplomas by the Juries of the Exhibitions of all nations in London 1851, Paris 1855, London 1862, Oporto 1865, Paris 1867, Wien 1873, Santiago 1875, Philadelphia 1876, Cape Town 1877, Sydney 1879 etc.

EAU DE COLOGNE

London

The world's oldest
fragrance company

Die älteste Parfum Marke der Welt

Paris

La plus ancienne
maison de parfum

Famous customers · Clients célèbres · Clienti illustri · Berühmte Kunden:

1716 Madame Billy · 1718 Barbiery à Bruxelles · 1721 Mons.Estienne à Paris · 1734 König Friedrich Wilhelm I. von Preußen · 1736 Kurfürst Clemens August von Köln · 1737 Ernst Graf von Königseck · 1737 Landgraf von Hessen Kassel · 1738 Kaiser Karl VI. in Wien · 1739 Chevalier D´Orival · 1740 Kaiserin Maria Theresia · 1745 Louis XV, Roi de France · 1745 König Friedrich der Große · 1745 Carl Ernst Graf von Truxesse · 1745 Voltaire · 1746 Comte de Lautrece · 1748 Anton Graf von Hohenzollern · 1748 Herzögin von Bayern · 1758 Fernando VI, Rey de España · 1764 Marie Jeanne Comtesse du Barry · 1765 Prinzessin von Fürstenberg · 1765 Prinz von Thurn und Taxis · 1766 Herzog von Braunschweig Lüneburg · 1766 Graf von Cobenzl · 1767 Markgraf von Brandenburg · 1769 Clemens Herzog von Bayern · 1782 Wolfgang Amadeus Mozart · 1791 Stanislas II Poniatowski, Roi de Pologne et Grand-Duc de Lituanie · 1797 Königin Louise von Preussen · 1799 Pauline Principessa Borghese · 1799 Prinzessin F. von Preussen · 1799 Erbprinzessin von Mecklenburg · 1800 Gustav IV König von Schweden · 1802 Herzögin von Kurland · 1802 Geheimrat Johann Wolfgang von Goethe · 1802 Prinzessin von Oranien und Nassau · 1804 Napoléon Bonaparte · 1806 Hoch- und Deutschmeister Erzherzog Anton · 1808 Herzögin Auguste in Coburg · 1809 Prinzessin von Württemberg · 1809 Marie Caroline Bonaparte, ... · 1811 Impératrice Marie Louise · 1811 Franz I. Kaiser von Österreich · 1815 Zar Alexander I. · 1815 Graf ... von Scharnhorst 1815 Alexander von Humboldt · 1815 Clemens Fürst Metternich · 1817 Fürst von Harden... · ...oão VI, Rei de Portugal · 1822 Dom Pedro I, Imperador do Brasil · 1824 Heinrich Heine · 1830 King William I ... de Balzac · 1837 Queen Victoria · 1839 Prinz Esterházy · 1841 König Friedrich Wilhelm IV. von Preußen · 1843 ... Nicolaus I. · 1846 Ernst August König von Hannover · 1847 König Christian VIII. von Dänemark · 1850 König Friedr... ...gust von Sachsen · 1850 König Friedrich VII. von Dänemark · 1855 Zar Alexander II. · 1855 König Johann von Sachsen · 1855 Kronprinz Wilhelm von Preußen · 1861 König Wilhelm I. von Preußen · 1863 Albert Edward Prince of Wales · 1866 Dom Luis, Rei de Portugal · 1868 Kronprinz Friedrich Wilhelm von Preußen · 1868 Empereur Napoléon III. · 1868 Impératrice Eugénie · 1868 König Karl I. von Württemberg · 1868 Benjamin Disraeli · 1870 Alexandra Princess of Wales · 1871 Kaiser Wilhelm I · 1872 König Ludwig II. von Bayern · 1872 Kaiser Franz Josef I. von Österreich · 1872 Kaiserin Elisabeth von Österreich (Sissi) · 1873 Leopold II. König von Belgien · 1873 Albert König von Sachsen · 1874 Kronprinzessin Victoria von Preußen · 1874 König Oscar II. von Schweden · 1876 · Vittorio Emanuele II, Re d'Italia · 1877 König Christian IX. von Dänemark · 1877 Marc Twain · 1878 Umberto I. Re d'Italia · 1880 · Koning Willem III der Nederlanden · 1881 König Carol I. von Rumänien · 1888 Mori Ogai · 1889 Franz von Lehnbach · 1889 Oscar Wilde · 1894 König Otto von Bayern · 1894 Prinzregent Luitpold · 1888 Kaiser Wilhelm II. · 1894 · Koningin Emma der Nederlanden · 1901 King Edward VII. · 1910 King Georg V. · 1921 Thomas Mann · 1925 Franz Lehár · 1927 Gustaf V. König von Schweden · 1928 Konrad Adenauer · 1935 Marlene Dietrich · 1939 Heinz Rühmann · 1951 Kaiserin Soraya von Persien · 1959 Indira Gandhi · 1959 Romy Schneider · 1964 Francoise Sagan · 1970 Hildegard Knef · 1987 Princess Diana · 1999 Bill Clinton · 2000 Prinzessin Brigitte von Preußen·

FARINA GEGENÜBER seit 1709 Farina-Haus 50667 Köln/Cologne ☎ 0221-294 1709 ▦ 0221-257 1709 E-mail: Info@Farina1709.com www.Farina1709.com

Farina Haus 1709

Farina Haus 1849

Farina Haus 1899

Kaiser
und
Königin

1738 hielten sich zwei kaiserliche Kammerherren aus Wien 14 Tage in Köln auf. Die Herren hatten sich bei „Fratelli Farina" einquartiert, um ein Geschäft für die durchlauchtigste habsburgische Majestät Karl VI. von Österreich zu vermitteln. Der Kaiser hatte keine männlichen Nachkommen. Als Erbin auf dem Thron des Heiligen Römischen Reiches Deutscher Nation hatte er seine älteste Tochter Maria Theresia erkoren. Schon 1713 hatte er diesen seinen höchsten Willen in einer sogenannten Pragmatischen Sanktion geäußert. Doch für die Umsetzung der Sanktion nach seinem Tod brauchte er die Zusage der Reichsfürsten. Eine Frau an der Spitze des ältesten existierenden Reiches der westlichen Welt hatte es mit Kaiserin Theophanu bisher nur ein einziges Mal gegeben, und das war nun auch schon ein Dreivierteljahrtausend her. Farinas Eau de Cologne sollte nun das entscheidende ol-

Kaiser Karl VI. war treuer Farina-Kunde (Johann Kupezky, 1716)

Alexander I. von Russland

Königin Louise von Preußen

Maria Theresia von Österreich

Elisabeth von Österreich-Ungarn

Königin Victoria von Großbritannien

König Ludwig XV. von Frankreich

Wolfgang Amadeus Mozart

faktorische Argument sein, um die Zustimmung der Reichsfürsten für diesen Plan zu erlangen. Auf Befehl des Kaisers erhielten 36 Reichsadlige je eine Rosolie des berühmten Dufts. Die Herren scheinen daraufhin prompt geneigt gewesen zu sein, der Übergabe der Macht an eine Frau zuzustimmen.

Als die Delegation aus Wien vor Johann Maria Farina stand, galt es also mehr denn je, die Vorzüge der Eau de Cologne zu preisen. Nun hieß Johann Maria „Monsieur Farina" oder „Jean Marie". In Geschäft und vornehmer Gesellschaft sprach man Französisch. An allen Höfen Deutschlands, Österreichs oder Russlands wurde in den Tönen Versailles' parliert, mit der Zunge der Bourbonenherrscher. Da machte Jean Marie keine Ausnahme, wiewohl die Damen der Gesellschaft sich über seinen italienischen, die dunklen Vokale so lang ziehenden Akzent amüsiert haben dürften. Hofhaltung und Etikette, die hohe Kultur der Repräsentation, wie sie am Hofe des französischen Königs seit den Zeiten Ludwigs XIV. gepflegt wurden, hatten längst auf alle Häuser Europas ausgestrahlt. Der absolute Monarch und Allerchristliche König war zum Vorbild all jener geworden, die viel auf sich hielten. Jean Marie sah sich als Teil dieser vornehmen Welt: weniger, was seinen Stand betraf, denn dem substantiellen Gehalt seiner Eau de Cologne nach. Wer mit, wer in dieser Gesellschaft handelseinig werden wollte, musste mitziehen – und das bedeutete auch „sich mitanziehen". Täglich ließ sich Jean Marie frische Wäsche, Hose, Hemd

*Eines der unter dem Privileg
des französischen Königs
entworfenen Interieurs, an
denen sich Farina orientierte*

und weiße Strümpfe reichen. Seine Kunden empfing er in feinste Rüschen gekleidet und in schnallenbesetzten Schuhen aus bestem Leder. Er kleidete sich in
dem Französisch Kram, den anzupreisen er gewohnt war. Auch die hell gepu-
derte Perücke gehörte dazu. Selbst wenn die ihm nicht gefiel – sie hinderte ihn
an der freien Bewegung und roch nicht angenehm –, für eine elegante Erscheinung *à la mode* war sie unentbehrlich.

Der ältere Bruder Jean Baptiste stöhnte nach dem Abzug der kaiserlichen Ge-
sandtschaft. „Ihr könnt ein Jahr davon leben", klagte er der Mutter in Santa
Maria Maggiore über die Kosten der Bewirtung. Jean Marie, der Parfümeur,
hatte die an einen exquisiten Lebensstil gewöhnten Herren nicht nur ein-, zwei-
mal in den Gobelinsaal auf der Beletage des Stammhauses geladen, um sie dort
mit Wein und kandierten Früchten zu verköstigen und ihnen die Vorzüge seiner

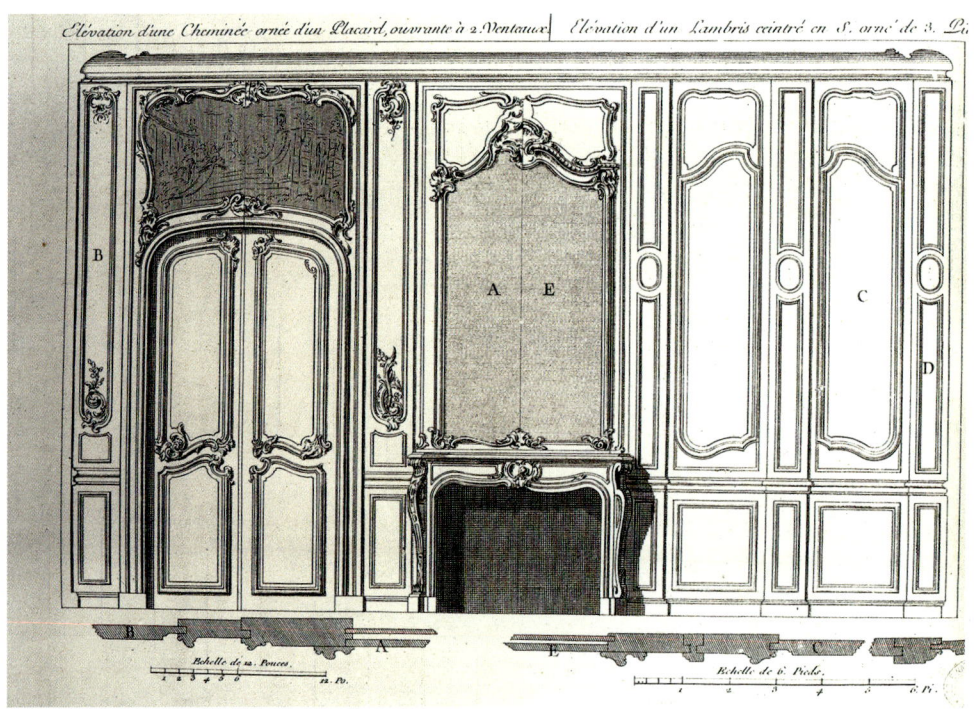

Eau de Cologne zu demonstrieren. Er hatte den Herren gleich zwei Wochen lang Volllogis mit allen Vorzügen in seinem Hause geboten, damit sie in Ruhe das angenehme Leben Wiens auch in Köln genießen konnten.

Gewiss, „Fratelli Farina" waren auf so etwas eingestellt. Auswärtige Handelsmissionäre wohnten immer bei ihnen, dafür hatte Jean Marie schon längst gesorgt. Die Brüder waren mittlerweile eine der feinsten Adressen Kölns. Das Interieur in der Beletage des Farina-Hauses war vom Parfümeur höchstselbst ausgewählt worden: feine Wandstuckaturen nach dem Vorbild Pariser Entwürfe für den französischen Hof! Gobelins aus den besten europäischen Manufakturen in den Niederlanden! Anmutig leichte und mit verspielten Rocailles gezierte Sitzmöbel aus der Hand der geschicktesten Möbelschreiner! Ein offener Kamin! Der Geschäftsraum im ersten Stock war für den Besuch hoher Kunden hergerichtet worden. Schon das hatte ein kleines Vermögen gekostet. Aber war dies nicht eine Spur zu viel, jetzt, als des Kaisers Granden Einzug hielten im Hause Farina? Wurde zu viel Geld in die „Wässerchen" des Bruders investiert, ohne

im rechten Maß auch auf einen realistisch zu erwartenden Gewinn zu schauen – Geld, das sich auf seine Weise ebenso verflüchtigte wie Jean Maries Eau de Cologne?

Doch die Investitionen waren nicht umsonst. Schon einige Jahre vor dem Besuch aus Wien war Jean Marie mit der Aufnahme rheinischer Adliger in seinen Kundenkreis der Durchbruch im Vertrieb der Eau de Cologne gelungen. Und seine Nase hatte auch jetzt verheißungsvolle Zukunftsluft gewittert. Als Kaiser Karl VI. 1740 starb, wurde seine Tochter Maria Theresia wie beabsichtigt zur Königin von Ungarn und Böhmen erhoben. Stante pede beerbte die Aspirantin auf den Thron des Römischen Kaisers ihren Vater auch als Stammkundin bei „Fratelli Farina"!

Bild links: Einer der fünf von
Farina erworbenen kostbaren
Rokokogobelins aus der Brüsse-
ler Manufaktur von Josse de Vos

„Madame, darf ich's wagen ..." –
Rokokomotiv auf einem Farina-
Geschenkkarton von 1932

DAMEN UND KAVALIERE

Die Eau de Cologne zeigte positive Wirkung nicht nur in diplomatischer Mission. Auch bei höchst privaten Anlässen kam sie zum Einsatz. Da war zum Beispiel Madame Billy, eine der ersten Eau-de-Cologne-Kundinnen und Farina über Jahrzehnte treu verbunden. Seit 1716 kaufte Madame. Nun, 1741, da sie zunehmend über ihr Älterwerden besorgt war, sprach Jean Marie ihr zu: „Verehrteste, Sie wissen zu gut, und das ist Wissen der besten Kurtisanen, sauber und mein Duft auf die Haut, Sie werden jung wie nie zuvor." Geschmeichelt? Ja und nein.

Schmeicheln gehörte zwar zum guten Ton in der Rokokogesellschaft, es war fester Bestandteil höflicher Rhetorik. Doch die Verwendung der Eau de Cologne in aphrodisierender Absicht war tatsächlich verbreitet. Kaiser Joseph II., der

*Die Mode des Rokoko
bedurfte vieler Helfer
beim An- und Auskleiden*

Sohn Maria Theresias, beklagte einst die anfängliche Kinderlosigkeit seiner Schwester Marie Antoinette, die seit 1770 mit Ludwig XVI., dem letzten König Frankreichs vor der Revolution, verheiratet war. Man betrachtete es als ein offenes Geheimnis, dass das Ausbleiben von Nachkommen in dieser allerhöchsten habsburgisch-französischen Allianz an einem gewissen Unvermögen beziehungsweise einer gewissen Unlust des Königs lag. Joseph II. von Habsburg-Lothringen empfahl nun, man solle der Schwester ein Tuch mit Farinas Eau de Cologne an die Venuslandschaft expedieren, dann könne man dem Kindersegen getrost entgegensehen. Des Kaisers Ausdrucksweise war allerdings deutlich weniger galant als hier vorgestellt. Auch als sich im Siebenjährigen Krieg (1756–63) im April 1757 französische Truppen unter General Torcy auf Jahre in Köln einquartierten, nutzten die feinsinnigen Offiziere, die selbst in Uniform Wert auf Eleganz legten, Farinas Duft und erschlossen sich mit ihm die rheinische Damenwelt. Die Offiziere kannten die Eau de Cologne bereits vom Hofe in Versailles, nun waren sie in der Ursprungsstadt

Brief von Farina vom 24. April 1757: „Ich befinde mich hier in der Besatzung von dreitausend Franzosen und heute kommen nochmals dreitausend dazu … Heute Abend werde ich einem Major und seiner Dienerschaft bei mir zu Hause Unterkunft geben."

des Parfüms. Und die Eau de Cologne erwies sich als Gegenstand besonderer Neutralität. Da sie eine Ware war, die sich weder nach der Herkunft noch dem politischen Bekenntnis oder der Konfession ihrer Käufer ausrichtete, sondern ausschließlich nach Stand und Vermögen, war sie im Prinzip nach allen Seiten hin offen. Friedrich der Große von Preußen kaufte sie ebenso wie das katholische Kaiserhaus in Wien.

VERTRACKTE LAGE

Auch die Stadt Köln verhielt sich im Siebenjährigen Krieg neutral. Ihre leitenden Interessen waren dabei gar nicht so verschieden von dem, was die olfaktorische Neutralität der Eau de Cologne ausmachte. Die Köln im Siebenjährigen Krieg tangierenden Konfliktparteien waren das Heilige Römische Reich unter Führung der Habsburgermonarchie sowie Frankreich auf der einen Seite und das den Aufstieg zur Großmacht anstrebende Preußen Friedrichs des Großen auf der anderen Seite. Als eigentlich nur dem Kaiser ergebene freie Reichsstadt hätte Köln Heeresdienste für Wien leisten müssen. Durch Zahlung von monatlich 3.000 Gulden hatte die Stadt sich aber davon freigekauft. Sehr ärgerlich, dass kaiserliche Werbeoffiziere innerhalb der Kölner Stadtmauern dennoch heimlich junge Männer für den Kriegsdienst anwarben.

Eine offene Allianz mit Wien war Köln sicher schon aus dem einen Grund suspekt, dass Habsburg in der Bedrängnis durch Preußen mit Frankreich koalierte. Auch Kölns Erzfeind, der in Bonn residierende Erzbischof, sympathisierte mit dem Nachbarn im Westen. Im Laufe des 18. Jahrhunderts hatten sich enge politische und kulturelle Verbindungen zwischen den Kölner Kurfürsten aus dem Hause Wittelsbach und dem französischen Hofe ergeben, die wiederum im Gegensatz zu den Interessen des Kaisers in Wien und denen der freien Reichsstadt Köln standen. So war von Erzbischof Joseph Clemens' Paktieren mit Frankreich im Spanischen Erbfolgekrieg ja schon die Rede.

In dieser wiederholt verwickelten Situation des Siebenjährigen Krieges hielt sich Köln also neutral, um nicht zwischen den Mächten zerrieben zu werden. Doch wie die moderne Ethik weiß: Nicht-Handeln geht nicht. Im März 1757 weigerte sich Köln, Truppen des französischen Königs Lebensmittel zur Verfügung zu stellen. Der vom Reich unterstützten Forderung, Köln solle den Franzosen auch Quartier bieten, widersetzte sich die Stadt ebenso. Lediglich 400 Mann wurden am Rheinufer untergebracht. Letztlich setzten die Franzosen ihre Interessen aber mit einer List durch. Da sie Verbündete des Kaisers waren, durfte ihnen der Durchmarsch durch Köln nicht verwehrt werden. Als sie unter General Torcy Köln angeblich nur passieren wollten, besetzten mehrere französische Verbände den Neumarkt und die Stadttore und blieben dann sechs Jahre! Die Bürger Kölns mussten in dieser ganzen Zeit für Unterhalt und Verpflegung der Franzosen aufkommen.

Köln hatte seine neutrale Haltung schon in allen vorhergehenden internationalen Konflikten der Neuzeit seit dem 16. Jahrhundert gepflegt, und so blieb die Stadt im großen Ganzen von all diesen militärischen Katastrophen weitgehend verschont. Anderswo sah es anders aus. So wurden, um nur zwei Beispiele zu nennen, im Spanischen Erbfolgekrieg Pfalz, Stift und Stadt Kaiserswerth vollständig zerstört. Im Pfälzischen Erbfolgekrieg (1688–97) ließ Ludwig XIV. von Frankreich Worms komplett einäschern. Die Neutralität der Stadt hatte aber sicher noch einen anderen Grund als den des Selbstschutzes. Vielleicht war dies sogar der entscheidende: Es ging ums Geschäft.

MUTTER COLONIAS COURAGE

Wie eng politische Neutralität und Geschäftssinn zusammenpassen können, ist bestens in Bertolt Brechts „Mutter Courage" nachzulesen. Auf die Spitze getrieben scheint es, als hätte Brecht mit der Figur der Marketenderin Anna Fierling eine Allegorie auf Köln geschaffen. Die Stadt betrieb bereits im Dreißigjährigen Krieg (1618–48) Lebensmittel- und Waffenhandel mit den katholischen spanischen und habsburgischen Kriegsparteien, aber auch mit den protestantischen Heeresverbänden. So wurden vereinzelt Kriegsgüter an den Kurfürsten von Sachsen oder an Dänemark geliefert. Allein im Kriegsjahr 1629 ging die über Kölner Auftragshändler an Wallensteins katholische Armee gelieferte Menge an Waffen und Rüstungsgütern in die Zehntausende! Ebenso bedeutend war Kölns Rolle als Finanzplatz im Dreißigjährigen Krieg. Die Stadt stellte sich als eine wichtige Auszahlungsstätte für die Heeressolde bereit und vergab umfangreiche Kredite an die kriegführenden Mächte.

Auf der Flucht vor drohender Enteignung und Zerstörung, Gefangennahme und Ermordung fanden im Dreißigjährigen Krieg eine Unmenge an Kirchenschätzen und deren Eigentümer Schutz innerhalb der starken mittelalterlichen Mauern Kölns. Die Kirchenschätze aus Speyer, Fulda, Mainz, Würzburg oder Siegburg sowie die Buchbestände der Reichsabteien Werden oder Corvey wurden jahrelang in Köln bewahrt. Höchste geistliche und politische Würdenträger des Reiches suchten Asyl in Köln: der Würzburger Fürstbischof Franz von Hatzfeld,

der Osnabrücker Bischof Franz Wilhelm von Wartenberg auf der Flucht vor den Schweden, der Erzbischof und Kurfürst von Mainz sowie Erzkanzler des Reiches Anselm Casimir Wamboldt von Umstadt, Bischof Georg Anton von Rodenstein oder Johann Bernhard Schenk zu Schweinsberg, Fürstabt zu Fulda. Und schließlich auch die Spitzen der Köln direkt umgebenden und miteinander in Konkurrenz stehenden Territorialmächte: Der Kölner Kurfürst Ferdinand von Bayern und der Jülich-Bergische Herzog Wolfgang Wilhelm von Pfalz-Neuburg retteten sich und einen Teil ihrer Reliquienschätze zumindest gelegentlich nach Köln.

Der in Silber getriebene Flakon wurde dem persischen Schah Mohammad Reza Pahlavi 1967 bei einem Empfang auf Schloss Augustusburg in Brühl als Geschenk überreicht

EUROPAS ADEL

Was der Ausflug in die Zeit des Dreißigjährigen Kriegs des Weiteren zeigt – und deshalb hat er seinen Platz in dieser kleinen Geschichte Kölns als Wiege der Eau de Cologne: Schon im 17. Jahrhundert dürfte eine barocke adlige Lebenskultur zum gängigen Erscheinungsbild der Stadt gehört haben. Die freie Bürgerstadt Köln war – so kurios und widersprüchlich es auch klingen mag – wegen ihrer Neutralität mitten unter den sich aufreibenden feudalen Großmächten gerade als Bürgerstadt für den katholischen Adel in Notzeiten attraktiv. Abgesehen davon, dass Köln seine Garantien für die Sicherheit der bei ihm Asyl suchenden Mächtigen auch nur aus eigener militärischer und ökonomischer Stärke beziehen konnte – solch höchste Reichsfürstengestalten wie die Kölner, Mainzer oder Pfälzischen Kurfürsten wären sicher nicht nach Köln gekommen, wenn sie hier nicht ein Mindestmaß an gewohnter Hofhaltung hätten praktizieren können oder nur auf Ressentiments und Schmutz innerhalb der Stadt gestoßen wären. Es muss in Köln eine große Offenheit gegenüber der Lebensart des barocken Feudaladels gegeben haben. Nicht, was dessen politisches Selbstverständnis anging. Da gab es durchaus Konflikte, wenn der eine politische Öffentlichkeit in Gestalt eines Stadtrates nicht gewohnte Fürst im Asyl autokratisch weiter „seine" Außenpolitik betrieb. Aber alles, was die Lebensführung des Feudaladels betraf, Kleidung, Hofhaltung, Vergnügungen, künstlerische Vorlieben, Ernährung und so fort, all dies muss in Köln gegenwärtig und akzeptiert gewesen sein. Es ist kaum vorstellbar, dass die Kölner Bürgerschaft sich daran kein Vorbild genommen

hätte. Die Ausführungen zur Baukultur haben bereits gezeigt, wie feudales und bürgerliches Wohnen einander entsprachen. Für die Eau de Cologne, die ja auf die vornehmsten Adressen angesetzt und angerührt worden war, bedeutete dies, dass Köln sich quantitativ (größte Stadt im Westen) und qualitativ (Aufenthaltsort von vermögenden Personen aller Stände) als ein ideales Flaggschiff für ihre Vermarktung angeboten haben dürfte.

Und nicht erst seit dem 17. Jahrhundert war der Adel zu Gast in der ältesten dokumentierten Bürgerstadt Deutschlands. Spätestens seit der Verbriefung der Kölner Reichsfreiheit durch Kaiser Friedrich III. in Anwesenheit seines Sohnes und Thronfolgers Maximilian I. 1475 in Köln suchten die römisch-deutschen Kaiser Köln regelmäßig auf und logierten in den vornehmsten Bürgerhäusern der Stadt: Kaiser Karl V. kam 1520, 1531, 1548 und 1550, Kaiser Ferdinand I. im Jahre 1556. Auch Maria de' Medici, verarmte und missachtete Witwe Heinrichs IV. von Frankreich, weilte in Köln, wo sie 1642 im Exil starb.

Am Ende seines Lebens konnte sich Jean Marie Farina rühmen, dass er die vornehmsten Adressen mit Eau de Cologne versorgte. „Es gibt in Europa keinen Kaiser oder Königshaus, das ich nicht beliefere", notierte er kurz vor seinem Ableben. Außer den bereits genannten zählten auch Friedrich Wilhelm I. von Preußen ab 1734, Graf Ernst von Königseck-Aullendorf, Domkapitular und Prälat in Köln und Konstanz ab 1737 oder seit 1745 Ludwig XV. von Frankreich zu seinen Kunden.

Friedrich der Große war einer der treuesten Käufer der Eau de Cologne. Er hatte sie geradezu abonniert. Alle Vierteljahre ließ er Zarin Katharina der Großen eine Sendung nach St. Petersburg schicken. Russland hatte sich seit Zar Peter dem Großen, mit dessen Enkel Peter III. Katharina verheiratet war, nach westeuropäischem Vorbild modernisiert. Zar Peter hatte 1703 die Hauptstadt seines riesigen Reiches von Moskau an den Finnischen Meerbusen verlegen lassen. Der gesamte russische Hochadel war mit ihm hierhergezogen. Hier lag die Verbindung zum Westen. Über das Wasser sollten Kultur, Wissenschaft, Kleidung und Lebensart der Niederlande und Frankreichs nach Russland kommen und das Zarenreich in die Neuzeit führen. Auch am Hof des Zaren sprach man französisch. Auch hier kleidete man sich in Frack und Perücke. Und auch hier beträufelte Eau de Cologne die fürstliche Gesellschaft.

DER ERZBISCHOF

Seit 1736 war auch der Kölner Kurfürst Clemens August von Bayern Stammkunde bei Farina. Clemens August war bereits im Alter von 23 Jahren zum Erzbischof von Köln ernannt worden. Erst zwei Jahre später wurde er zum Priester geweiht. Solch eine „verkehrte Welt" war in einer Zeit, da der Kölner Bischof wie der in Mainz oder Trier vor allem mit politischen Würden behaftet war, keine Ausnahme. Der an ein mondänes Leben gewöhnte junge Herr aus dem bayerischen Hause Wittelsbach liebte sicher, auch wenn er sehr fromm war, mehr die weltlichen denn die geistlichen Seiten seines Amtes. Residenz nahm er wie schon seine Vorgänger im Städtchen Bonn im Süden der Rheinischen Bucht.

Mit dem Bau der neuen Sommerresidenz in Brühl nach Plänen von François de Cuvilliés katapultierte sich Clemens August an die architektonische Spitze seiner Zeit. Schloss Augustusburg, ungefähr halben Weges zwischen Bonn und Köln, ist eine der prachtvollsten, nach französischen Vorbildern geschaffenen Rokokoanlagen überhaupt.

In Schloss Augustusburg feierte Clemens August glänzende Feste, hier ließ er sich huldigen. Körper und Leibeswohl eines Regenten waren damals Gegenstände des öffentlichen Interesses. Gemäß der Parole Ludwigs XIV. von Frankreich *L'Etat, c'est moi!* – „Der Staat bin ich" war der Herrscher die Öffentlichkeit in Person. Auch der Körper des Kölner Kurfürsten war ein Synonym für Gesundheit und Kraft des staatlichen Leibes. Der physische Leib Clemens Augusts war zwar eher kleiner geraten, aber er war vielleicht gerade deshalb ein vorzüglicher und gewiefter Reiter und Jäger bei den gefährlichen und äußerst rasanten Parforcejagden, die er im eigens dafür eingerichteten, nahe gelegenen Kottenforst abzuhalten pflegte. Manchmal speiste der „Herr von Fünfkirchen" – Clemens August wurde so genannt, nachdem er in Personalunion Bischof von Münster, Paderborn, Hildesheim, Osnabrück und Köln an der Spitze geworden war – öffentlich. Von umlaufenden Galerien aus konnten die Unterge-

*Kurfürst Clemens August
ließ die Eau de Cologne zum
persönlichen Gebrauch in eine
Meißener Porzellankaraffe
mit Tulpenmotiv umfüllen*

benen Zeugen der Sättigung und Stärkung des fürstlichen Leibes und seines Wohlstandes werden.

Zur naseweisen Nahrung dieses Fürstenleibes diente die Eau de Cologne. Schloss Augustusburg besaß zwar auch eine Badewanne, doch die war nur als schmückendes Accessoire gedacht. Waschen war nicht üblich. Aus berechtigter Sorge vor Ansteckung wurde vor allem in den kanalisationsfreien Städten die Verwendung von Wasser, so es eben ging, gemieden. Während die jungen Damen der gehobenen Gesellschaft in diesen hygienisch schwierigen Zeiten durchaus noch galanten Genuss *au naturelle* in Aussicht stellen konnten, suchten Männer ihre Aura durch den Gebrauch von Pomaden und Toilettenwässern zu heben. Einen blendend aufpolierten Glanz der persönlichen Ausstrahlung beiderlei Geschlechts versprach Jean Maries Duftkreation.

Jean Marie war dem Kölner Kurbischof schon in Brüssel und München begegnet. Der Fürst kenne das Parfüm und sein Bedürfnis danach sei groß, vertraute der erzbischöfliche Kammerdiener Farina an. „Wenn er es benutzt, so ist mir um die Zukunft nicht bange", frohlockte der Parfümeur 1736 in einem Brief an seinen Lieferanten Barbieri in Brüssel. Einige Jahre später gehörte Clemens August tatsächlich zu Farinas besten Kunden. Nur für den Privatgebrauch ließ er monatlich um die 40 Rosolien mit der kostbaren Flüssigkeit anliefern. Das war ein Vermögen. Der Preis für zwei Rosolien – der Menge nach circa 220 Milliliter – entsprach dem Monatsgehalt eines seiner Beamten. Täglich eine Rosolie brauchte der Fürst. Über Clemens August erlangte Jean Marie auch dauerhafte Verbindungen zum bayerischen Fürstenhof. Im 19. Jahrhundert wurde Farina unter Ludwig I. und Ludwig II. einer der wichtigsten offiziellen königlich bayerischen Hoflieferanten.

DAS
PRODUKT

EAU DE COLOGNE

DE

JEAN MARIE FARINA,

LE ... ANCIEN DISTILLATEUR À COLOGNE

...rant vis-à-vis de la place Juliers.

Cette Eau, composée des aro... plus spiritueux que produise le règne végétal, jouit pour ses qualités admirables d'une ... lie dans toute l'Europe cultivée, dans les pays lointains même, qu'il seroit superflu de ... son éloge. Aussi occupe-t-elle à juste titre le premier rang parmi les parfums tant sim... pour cette raison comme partie capitale et la plus essentielle dans la toilette du beau n... l'employant à se laver ou après le bain on se trouve singulièrement vivifié; mais il ne fa... ou de la lumière à cause de son esprit volatil et inflammable. En la faisant évaporer ... rt de plus comme d'un moyen non seulement la plus agréable mais aussi le plus innocen... osphère, nouvelle raison qui la rend préférable aux autres prétendues désinfections telles ... lesquelles remplissant le nez d'un parfum trompeur empoisonnent les poumons de gas ...

D'après les excellentes qualités de mon Ea... nde célébrité qu'elle en tient, il ne faut pas s'étonner qu'un grand nombre d'imitateurs ... ient élevés offrant aussi au public une Eau de Cologne sous toutes sortes de fausses ap... t faisant valoir, pour assurer l'illusion et le succès de leur débit, la raison — FARINA ... qui n'a jamais été en relation avec moi, a su vendre différentes fois sous autant des différ...

Voilà pourquoi je juge à propos de déclarer que dans l... n de l'Eau de Cologne ma maison est la plus ancienne dès 1709, et que je dois ma manière de ... nteur de JEAN MARIE FARINA mort ici célibataire en 1766, qui par acte testamentaire la ... son secret uniquement à son neveu et filleul JEAN MARIE FARINA de la ligne descendant ... toujours sans séparation et ne partant que de cet endroit, a été constitué et l'est encore ... ns que jamais subordonné ait en connaissance des procédés de ma composition. Je puis do... nce sur toute prétention, parceque mon Eau de Cologne, à l'épreuve même la plus simple, do... ritable et son excellence: qu'on la frotte p. ex. sèche dans les mains nettes, ou qu'on la v... e, dégagé d'odeur de savon, elle se distinguera alors non par la prépondérance d'un esp... moyen de paillier l'emploi peu sûr et mesquin des substances majeures, mais parceque ... mps, par la juste proportion des ingrédiens congrus, l'agréable mélange de son odeur ... en se séchant, dans une de ses parties individuelles. Pour cet effet il ne faut pas négliger ... phioles de bout et de les tenir bien fermées, afin que son esprit ne se perde par les pores ... e nulle saison ne peut nuire à sa qualité, ni en empêcher le transport, car elle ne gla... it-ce le plus rigoureux; au contraire il faut choisir un dépôt qui ne l'expose pas trop à la ch...

Pour prévenir toute confusion je dois aussi prier de prendre note exacte de ... ée telle qu'elle se trouve au bas de cet avis où, dans l'impossibilité de les signer de mai... primer par ma griffe avec un nouveau cachet plus distinct. Chaque phiole en sera à l'av... mme de coutume enveloppée d'un de ces avis dans lequel l'ancien cachet à côté n'existera ... temps où le nouveau suffisamment connu le fera disparaître. Si quelqu'un s'avisait jamais de contrefa... es dites marques, je le poursuivrais le plus rigoureusement devant l'autorité compétente.

Cologne, le 1.er Janvier 1811.

Mit größter Sorgfalt

Ob Jean Marie der Parfümeur die zahlende Kundschaft ebenso mit der Nase unterscheiden konnte, wie er der Großmutter gemäß als Heranwachsender alle Menschen in „gut und böse riechen" einteilte? An einem Schreibtisch aus portugiesischer Eiche führte Farina Buch. Bis heute werden dieser Tisch und der dazugehörige Lehnstuhl im Duftmuseum des Hauses Farina bewahrt. Jean Marie verfasste den Großteil seiner Geschäftskorrespondenz persönlich. Er nahm die Bestellungen auf. Er führte die Import- und Exportlisten. Er schrieb täglich Dutzende von Briefen. Eine akribische Buchführung war auch im 18. Jahrhundert bereits eine unabdingbare Voraussetzung für ein europaweit agierendes Unternehmen.

Wer seine Eau de Cologne direkt in Farinas Geschäft in Köln kaufte, zahlte zwei Reichstaler für die Flasche. Und trotz Buchführung weiß niemand genau, wie viele Flaschen der junge Farina anfangs verkaufte – vermutlich hätte er es selbst nicht sagen können. Wer wollte es ihm verdenken, dass er nicht jedes an einen Reisenden verkaufte Fläschchen vermerkte? Seine Eau de Cologne war ein Versuch, eine persönliche Leidenschaft. Niemand konnte zunächst abschätzen, wie erfolgreich sich die Lieblingskreation ihres Schöpfers durchsetzen würde, wie

*Der Schreibtisch aus portugie-
sischer Eiche, an dem Johann
Maria Farina seit 1723 seine
tägliche Korrespondenz erledigte*

schnell sich das Geheimnis dieses neuen Duftes herumsprechen würde und ob
er überhaupt den (Geruchs-)Nerv einer zahlungsbereiten Kundschaft traf.
Farinas Geschäftsakten sind heute im größten und vollständigsten Unterneh-
mensarchiv Europas zusammengefasst. Mehrere 100 Meter umfasst die Reihe
der Bände. Erhalten haben sich auch die sogenannten Hauptbücher aus der An-
fangszeit. Jean Maries Wortwahl darin amüsiert heute. In den auf Italienisch,
Deutsch und Französisch munter multilingual verfassten Kontorakten werden
manchmal „böse Schuldner" aufgeführt. „Böse" hieß, der Schuldner war verstorben. Dieser Kunde war infolge seines Ablebens zahlungsunfähig geworden.
Bös ist der Tod, gut alles Lebendige. Das ist die lebensbejahende, den Genuss
feiernde Philosophie des barocken Feudaladels, nach welcher der Tod ein un-
vermeidbarer, aber deshalb verzeihlicher, lebenslanger Begleiter des Menschen
ist. Farina hat die Schulden dieser Debitoren ... abgeschrieben.

Das erste Journal vom
13. Juli 1709

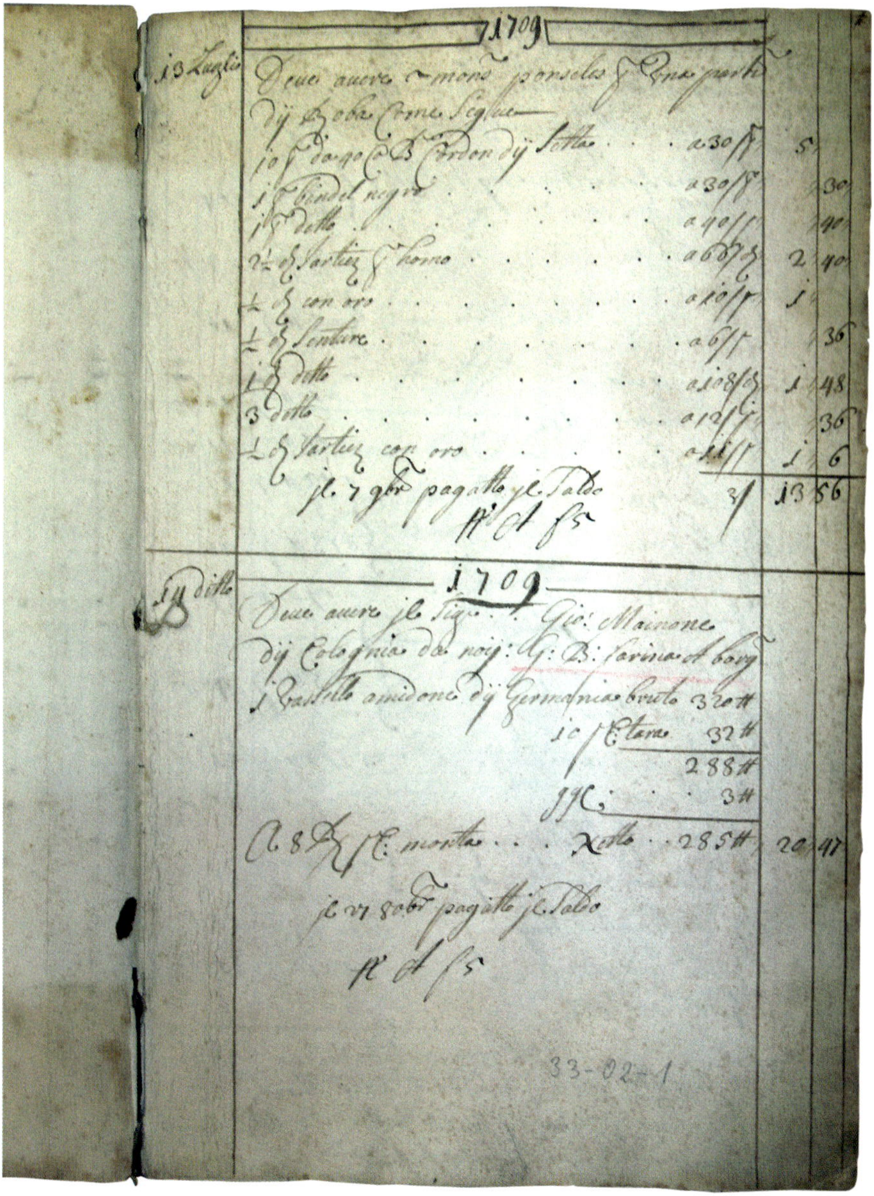
1709

13 Luglio — Deve avere [illegible] per una partita di roba come segue

10 [illegible] Cordon di Setta	a 30 [illegible]	5	
1 [illegible] negro	a 30		30
1 [illegible] detto	a 40		40
2½ [illegible]	a 60	2	40
½ [illegible] con oro	a 10	1	
½ [illegible]	a 6		36
1 [illegible] detto	a 108	1	48
3 detto	a 12		36
½ [illegible] con oro	a [illegible]	1	6
[illegible] pagato il saldo		13	56

14 detto — 1709

Deve avere il Sig. Gio: Mainone di Colognia da noi: G. B. Farina [illegible]
1 [illegible] amidone di Germania brutto 320
10 [illegible] tara 32
288
[illegible] 3
[illegible] 285 — 20 47
[illegible] pagato il saldo

33-02-1

Von der Rosolie bis zur Champagnerflasche – 1910 bot Farina sein Produkt dreisprachig in verschiedenen Füllmengen an

DESIGN

Farina exportierte bis ins 19. Jahrhundert hinein in länglichen grünen Flaschen aus geblasenem Glas. Diese „Rosolien" genannten Gefäße wurden mit einem Korken verschlossen. Um diesen feucht und damit verschlusssicher zu halten, konnten die Flaschen – ähnlich dem Wein – nur liegend gelagert und transportiert werden. Versendet wurden die Rosolien in Kisten zu vier, sechs, acht, zwölf oder achtzehn Flaschen. Ihre grünliche Färbung verdankten sie dem Umstand, dass sie nur für den Versand genutzt wurden. Weißes, durchsichtiges Glas, also Blankglas, herzustellen war zwar eine Kunst, die bereits in der römischen Antike entwickelt, dann vergessen und im 16. Jahrhundert wiederentdeckt wurde. Aber die Herstellung von Blankglas war deutlich teurer und kam

96 | DAS PRODUKT

Farina-Molanusflakon von
1925 mit langem Hals und
Korken-Zinn-Verschluss

somit für ein Transportgefäß nicht in Betracht. Grünliches Glas entsteht, wenn lediglich die Grundbestandteile für die Herstellung von Glas, also Quarzsand und Pottasche, miteinander verschmolzen werden. Zudem schützten die farbigen Eau-de-Cologne-Rosolien ihren kostbaren Inhalt vor qualitätsminderndem Lichteinfall. Erst für den Gebrauch wurde das Parfüm in Porzellankännchen gefüllt. Für Kurfürst Clemens August, den Kölner Erzbischof, wurden dazu eigens Gefäße in Meißen bestellt. Andere Abnehmer der Eau de Cologne füllten in Silber- und Goldgefäße um.

Die schlanken, stehunfähigen Rosolien sollen übrigens, so wird überliefert, für einen besonderen Kunden einen sehr praktischen Vorteil besessen haben: Napoleon habe sich die Schäfte seiner Stiefel so fertigen lassen, dass er immer einen der grünen Kolben darin aufbewahren konnte – für alle Fälle. Nun, hohe Schaftstiefel waren für jemanden, der viel zu Pferde saß, nicht ungewöhnlich. Aber auszuschließen ist es nicht, dass Napoleon sein Schuhwerk tatsächlich als Transportmittel für den feinen Duft nutzte. Die Eau de Cologne di Farina war ihm bekannt. Im Jahre 1811 hatte *Monsieur L'Empereur* bei Farina sogar persönlich einmal reingeschaut.

Bild links: Die breiten Schultern
geben dem Kandinsky-Flakon von
1912 eine maskuline Erscheinung.
Er war richtungsweisend für alle
späteren Herrenflakons.

Herrenflakons
von 1925

Lange Jahre blieben die Rosolien unverändert. Spätestens aber mit der 1836 eingeführten ersten „selbst-ständigen" Flasche wurde auch die Verpackung der Eau de Cologne zu einem wichtigen Garant ihres Erfolgs. Fortan unterlag sie dem wechselnden Geschmack und den Moden der Zeit, an die Stelle des Pragmatismus war das Design getreten. Die von Farina erstmals vorgestellte, nach ihrem Erfinder benannte Molanusflasche – ein breitschultriges Gefäß aus Blankglas und mit kurzem, zunächst ungekröpftem Hals – wurde ebenfalls mit Korken verschlossen. Als man ein Metallröhrchen durch den Korken führte, war der erste „Zerstäuber" erfunden. Mit dem Aufkommen des französischen Champagners kamen die sogenannten Sektflaschen in Gebrauch. Diese in Korbnetze gehüllten bauchigen Flaschen boten ebenso Lichtschutz und waren auch bei größeren Volumen sehr bruchsicher. Die Bruchquote beim Versand konnte durch sie um 60 Prozent gesenkt werden.

Wassily Kandinsky, der Begründer der abstrakten Malerei, entwarf im Jahre 1912 einen Flakon für Farina. Kandinsky war auf der damals in Köln veranstalteten Sonderbundausstellung vertreten. Bei dieser wohl bedeutendsten Kunstausstellung in der Geschichte Kölns und des Rheinlandes traten viele Avantgardekünstler des jungen 20. Jahrhunderts, so ein Teil der Maler der „Brücke" und des „Blauen Reiters", aber auch Wegbereiter und Klassiker der Moderne wie Vincent van Gogh, Paul Cézanne, Edvard Munch, Pablo Picasso oder

Georges Braque erstmals in Deutschland vor eine große Öffentlichkeit. Farina hatte einem Teil der ausstellenden Künstler Aufträge für Flakons erteilt, Kandinskys Entwurf wurde umgesetzt. Der Russe hatte ein eckiges, gerades Herrengefäß geschaffen. Der Schraubverschluss der Flasche erinnert an ein häufiges Motiv in Kandinskys Kunst, als diese auf der Schwelle zur totalen Abstraktion stand: die zwiebelförmigen Turmhauben russischer Kirchen. Auf dem Hals des Flakons war das sakrale Motiv zum Kopf des barocken Geistes in der Flasche, zum „Sesam, öffne dich" für den Frühlingsduft aus Jean Maries Essenzenküche geworden. Es gab auch ein weibliches Pendant zum maskulinen Entwurf Kandinskys: Aus der Künstlerhand Franz Marcs stammen die Entwürfe „Rondo" und „Ovale". Diese beiden weich gerundeten, handschmeichelnden Flakons wurden allerdings erst später realisiert.

DIE EINE

Wer sich mit der Geschichte der Eau de Cologne und der des Hauses Farina befasst, ist schnell durch all die Johann Marias, Jean Maries, Giovannis und Battistas verwirrt. Doch solch „Wer ist nun wer?" oder „Welcher jetzt?" ist gute Tradition von Dynastien. Immerhin ist Farina, die älteste Parfümfabrik der Welt, mittlerweile in achter Generation in Familienbesitz. In Italien lässt sich die Ahnenreihe sogar bis in die 22. Generation zurückverfolgen. Leider wurde der Name Farina, der doch unverwechselbar die eine Familie und das eine Parfüm kennzeichnen sollte, zur Quelle eines dauerhaften Missverständnisses. Und das ist die andere, die nicht beabsichtigte Seite der Medaille in der Erfolgsgeschichte der Eau de Cologne, dieser einzigartigen Tänzerin auf dem Duftparkett Europas. Es klingt widersprüchlich, wenn Jean Marie Farina 1752 gegenüber einem französischen Kunden über mögliche medizinische Eigenschaften der Eau de Cologne spricht. Obgleich er diese zwar nicht verneine, preise er sie auch nicht an. Medizinische Eigenschaften? Ist die Eau de Cologne nicht ein Parfüm? Sicher ist sie das und das hat Jean Marie auch immer betont. Doch es gab seinerzeit eine Menge anderer Elixiere, die mit *eau* oder *aqua* bezeichnet wurden. Zum Beispiel solche, die unter dem Sammelnamen *aqua mirabilis* als Wunder- oder

Heilwässer gegen körperliche Beschwerden aller Art angeboten wurden. Jean Marie hatte seine Kreation anfänglich ebenfalls *aqua mirabilis* genannt, denn im 18. Jahrhundert war auch für Duftwässer die Kategorisierung als *aqua* üblich. Genauer unterschieden wurden diese Wässer nach ihrem Herkunftsort oder dem der Ingredienzien. So gab es ein Aqua di Ungaria, ein Eau de Barbados und so fort. Insofern lag die Taufe von Jean Maries Parfüm auf den Namen „Eau de Cologne" mehr oder weniger in der Luft. Vielleicht kam es wegen dieses Namens bei einem Teil seiner vermögenden Kundschaft zu Verwechslungen in der Anwendung des Parfüms. Das ganze 18. Jahrhundert hindurch zeigten sich Farinas Kunden ausgesprochen findig in der Verwendung des erfrischenden Duftwassers – sie verhielten sich wie die Geruchsforscher in Paris, sie beobachteten, analysierten, probierten aus, entdeckten neue Anwendungsmöglichkeiten und Wirkweisen. Und Jean Marie sah keinen Anlass, seinen begeisterten Kunden ihre Überzeugung von der Wirkkraft seiner Eau de Cologne auszureden, zumal er das Parfüm ja selbst häufig verwendete. Deshalb antwortete er dem französischen Kunden höchst diplomatisch, er verneine „unter allen Bedingungen der besten Einsichten der Ärzte" mögliche medizinische Eigenschaften seiner Eau de Cologne nicht.

Geschadet haben dürfte dies niemandem, sieht man einmal davon ab, dass Parfüm schon wegen seines hohen Alkoholgehaltes absolut ungenießbar sein sollte. Geschmacksrezeptoren reagieren zudem auf ganz andere Ingredienzien als Geruchsrezeptoren. Das heißt: Der schönste Duft wird zum übelsten Gebräu, wenn man ihn trinkt. Man hält ihn also besser vom Magen fern und belässt ihn dort, wo er hingehört. Nämlich unter die Nase.

DIE ANDEREN

Wesentlich folgenreicher als die Verwechslung mit Magenwässern war der Etikettenschwindel, den Jean Maries Nachwelt mit der Eau de Cologne betrieb. Um seine Herzenskreation für alle Kunden und Lieferanten unverwechselbar zu machen, hatte Jean Marie ihre Bezeichnung mit seinem Namen und dem des Firmensitzes gekoppelt. Johann Maria Farina gegenüber dem Jülichs=Platz schrieb er auf die Etiketten aller Rosolien, die sein Haus verließen. Den rocaillehaft verschlungenen Namenszug und das wächserne Siegel setzte Farina eigenhändig auf. Das Etikett war Güteversicherung und Echtheitszertifikat in einem und gab den Kunden Gewissheit, dass der teure Inhalt dem entsprach, als was er verkauft wurde.

Eigentlich war das zunächst überhaupt nicht notwendig. Denn es gab nur die eine Eau de Cologne. Wer Eau de Cologne sagte, meinte Farinas Duft. Doch Jean Maries grandioser Erfolg ließ bald Konkurrenten auftreten. Nachahmerprodukte kamen auf den Markt. Bereits Ende des 18. Jahrhunderts fabrizierten andere Hersteller eigene Eaux de Cologne. Diese Farinas Produkt imitierenden Wässer hatten zwar sämtlich einen andersartigen Inhalt und zwischen Duft- und Heilwasser wurde oft nicht unterschieden – doch alle sollten sie Eau de Cologne sein. Wie ging das zu, wo doch die Komposition der originalen Eau de Cologne von Farina in all ihrer Komplexität gar nicht zu kopieren war? Nun, es wurde eben nicht das Parfüm imitiert, sondern nur das Etikett. An echte Plagiate, die den originalen Produkten zum Verwechseln ähnlich sind, kamen diese Wässer nie heran. Das hätte eine einfache Nasenprobe zeigen können.

Aber selbst eine „echte" Nachahmung wäre lange Zeit legitim gewesen. Denn seit dem Jahr 1797 gab es am Rhein die vollständige Gewerbefreiheit. Drei Jahre nach dem Einmarsch der französischen Revolutionstruppen in Köln hatte Napoleon die feudale Ordnung der Gesellschaft abgeschafft. Einige Jahre später löste er das Heilige Römische Reich auf, dieses Relikt aus dem Mittelalter, das seit dem Dreißigjährigen Krieg ohnehin nur noch ein Flickenteppich Dutzender Kleinstaaten und Fürstentümer gewesen war. Für Köln bedeutete all dies das Ende der reichsstädtischen Verfassung und endlich auch der alten Zunftgesetze. Dieser zweite französische Einmarsch in Köln innerhalb von 40 Jahren war

*Das deutsch-französische
Werbeplakat von 1830 ist
eine meisterhafte Lithografie
in elf Farben*

etwas völlig anderes als der im Siebenjährigen Krieg. Jener Einmarsch war un-
erwünscht, nun ging der Kölner Bürgermeister den Armeen Napoleons mit dem
Stadtschlüssel sogar entgegen.

Dieser Willkomm der Revolutionäre geschah sicher wieder auch aus Gründen
des Selbstschutzes. So konnte die Stadt einer gewaltsamen Einnahme entgehen.
Andererseits war man mittlerweile auch im katholischen Köln auf die einmalige,
historische Gelegenheit erpicht, die erdrückende Last des in der Stadt allgegen-
wärtigen Klerus loszuwerden. So viele Güter waren in den vergangenen Generationen in die sogenannte Tote Hand gewandert: ehemals privates Besitztum,
das im Laufe der Zeit von vielen Tausend Ordensangehörigen ihren Klöstern
vermacht und somit unveräußerlich dem Wirtschaftsverkehr entzogen worden
war. Rund 50 Prozent des Stadtgrundes waren mittlerweile in Kirchenbesitz
und schätzungsweise 10 bis 20 Prozent der Bevölkerung gehörten dem geistlichen Stand an. Diese Menschen lebten in über 60 Stiften und Klöstern, verteilt

Bild rechts: Eines der vielen Reiter-
portrats Napoleons stammt aus der
Hand des 1844 in Köln verstorbenen
Malers Simon Meister

in der ganzen Stadt. Eine ganze Reihe dieser Gemeinschaften, so die Karmelitinnen und die Ursulinen, waren erst im Zuge des Dreißigjährigen Krieges nach Köln geflüchtet. Das Ärgerlichste für den Kölner Fiskus bestand darin, dass alle diese geistlichen Gemeinschaften Steuerfreiheit genossen, sie waren gegenüber der Stadt nicht abgabepflichtig. Da wundert es nicht, wenn die unter Napoleon durchgeführte Säkularisation, also die Aufhebung der Klöster und Stifte sowie die Privatisierung des Kirchenvermögens, wohl von der Mehrheit der Kölner Bevölkerung befürwortet wurde. Insgesamt waren die gesellschaftlichen Umwälzungen unter Napoleon so tiefgreifend, dass sie bis heute in den bürgerlichen Gesellschaften Europas fortleben und in ihren damaligen unmittelbaren Auswirkungen kaum völlig nachvollzogen werden können. Für Köln bedeutete der Einmarsch der französischen Revolutionstruppen das endgültige Ende des Mittelalters.

Aufgrund der politischen und wirtschaftlichen Reformen und der Einführung des bürgerlichen Rechts (Code Civil) unter Napoleon durften nun endlich, nach Jahrhunderten der Ausgrenzung, auch Juden und Protestanten gleichberechtigt in Köln leben und arbeiten. Jeder konnte unabhängig von Herkunft und Religion frei einem Handel oder Gewerbe nachgehen. In der Folge wurden immer mehr Firmen gegründet, die sich mit dem einträglichen Geschäft der Eau-de-Cologne-Herstellung befassten. Die Elixiere dieser Jungfirmen durften, auch wenn sie chemisch völlig anders zusammengesetzt waren und natürlich anders rochen, diesen Namen führen. Mit der Gewerbefreiheit des in den Kinderschuhen steckenden bürgerlichen Zeitalters trat eben nicht sofort auch der Produktschutz in die Welt. Der freie Markt war dem regulierten schon immer eine Nasenspitze voraus. Insofern wurde also Eau de Cologne zur Marke und aus ihrem ehemals einen und einzigen Namen wurde ein Gattungsbegriff.

PARFÜMEUR UND ADRESSE

Die Konkurrenz übernahm aber nicht nur den Namen des Parfüms, sondern auch den des Parfümeurs. Farina, zu Deutsch Mehl, ist ein durchaus geläufiger italienischer Familienname. Im 18. Jahrhundert lebten im Rheinland eine ganze

Empereur Napoléon

témoignage avantageux qui lui ont été rendus a Farina, Cologne, Fabricant D'Eau de Cologne.

Reihe Farinas. Die meisten waren Nachkommen einfacher italienischer Wanderarbeiter oder Bauern. Im Jahre 1803 schloss der im Kölner Adressbuch von 1797 als in „Speculations-Geschaeften" ausgewiesene Wilhelm Mülhens einen Vertrag mit einem in Bonn lebenden Franz Carl Farina. Dieser Farina hatte niemals Eau de Cologne hergestellt und war auch nicht mit Jean Maries Familie verwandt. Aber mit dem vor dem Kölner Notar Gérard Flamm abgeschlossenen Vertrag wurde beurkundet, dieser Franz Carl hätte den Kölner Bürger Wilhelm Mülhens mit der originalen Rezeptur der Eau de Cologne bekannt gemacht. Dass das nicht der Fall gewesen sein kann, vermag wieder eine einfache Riechprobe zu erweisen. Wer das von Wilhelm Mülhens später produzierte und erst im 20. Jahrhundert unter dem Namen 4711 zu Weltruhm gelangte Wasser mit der originalen Eau de Cologne von Farina vergleicht, wird bestätigen, dass das eine vom anderen in so vielen Punkten verschieden ist wie ein blühendes Lavendelfeld von einem reifen Zitronenhain.

Tatsächlich hatte sich Wilhelm Mülhens bei Notar Flamm nur eine Art „Copyright" auf den Namen Farina erkauft. So konnte er den berühmten Namen wie ein Spekulationsobjekt weiterveräußern und tat dies auch an mehr als 30 Personen. Diese Neu-Farinas gründeten dann wiederum eigene Eau-de-Cologne-Firmen und alle hießen sie Farina. Auch der Handel mit den Namensrechten fand Nachahmer. Letztendlich schlossen Kölner Kaufleute Gesellschafterverträge mit ganzen italienischen Familien ab, die lediglich den einen Vorzug besaßen, dass sie Farina hießen. Selbst die künftige Taufe noch nicht geborener Kinder auf den Namen Giovanni Maria („Hoffentlich wird es ein Junge!") regelte man mit diesen Familien vertraglich. Doch – und dies Bonmot ist unumgänglich: Sie alle, Familien und Parfüms, reichten dem Original nicht das Wasser. Kaum eines jener Duftwässer hat auch nur eine Generation überlebt. Eau de Cologne di Farina dagegen steht bereits in der achten!

Schließlich wurde selbst die Adresse von Farina anscheinend unerlässlich für den erhofften Erfolg eines jeden neuen Duft- oder Heilwassers namens Eau de Cologne. An der Stelle des heutigen Gülichplatzes gegenüber dem Farina-Haus befand sich einst das Wohnhaus des Kölner Band- und Manufakturwarenhändlers Nikolaus Gülich. 1680 hatte sich dieser öffentlich gegen Klüngel und Vetternwirtschaft des Kölner Stadtrates gestellt. Drei Jahre später bewirkte Gülich

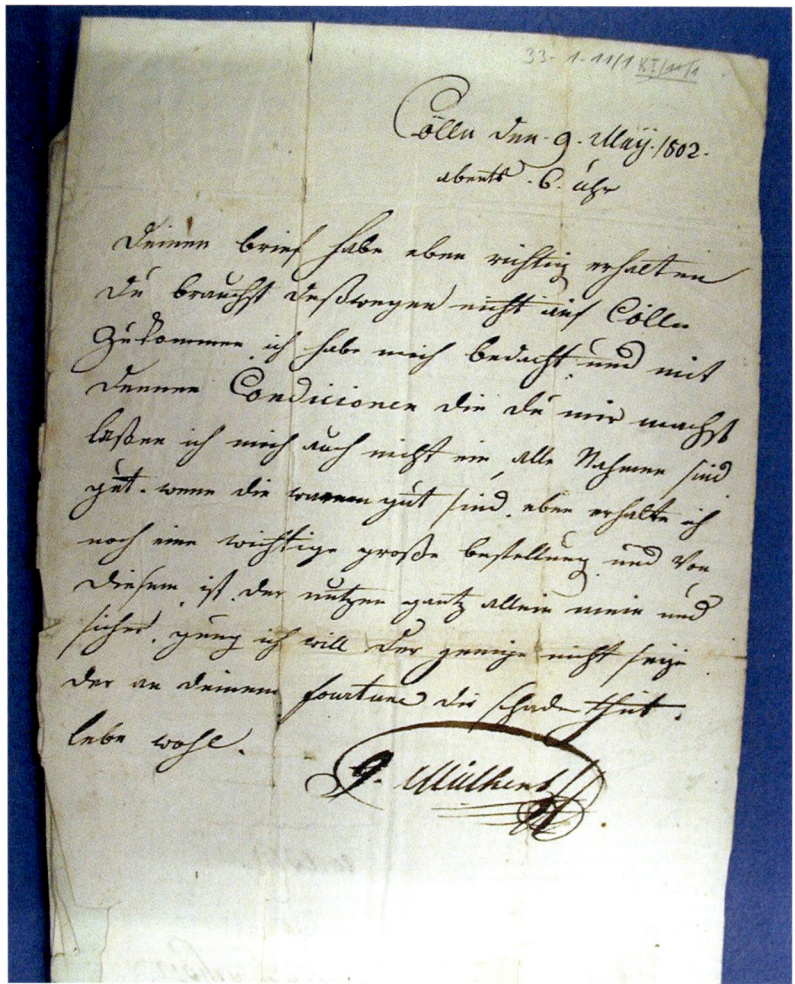

die Auflösung des korrupten Rates und die Festnahme und Verurteilung hoher städtischer Beamter. Eine dann aber von ihm dilettantisch und nicht uneigennützig geführte Stadtregierung ließ die politischen Gegner die Ächtung Gülichs und seiner Mitstreiter durch den Kaiser erwirken. Nikolaus Gülich wurde schließlich 1686 durch das Schwert gerichtet. Sein Wohnhaus an der Ecke Obenmarspforten riss man nach der Hinrichtung ab und stellte an seiner Stelle eine Schandsäule auf, die Gülichs in Bronze gegossenen Kopf von einem Schwert durchbohrt zeigte. So entstand der Gülichplatz. Für alle Zeiten sollte er unbebaut bleiben. Bei der Einnahme Kölns durch das revolutionäre Frankreich wurde das Schandmal wieder entfernt. Den Bronzekopf des nun als „Ver-

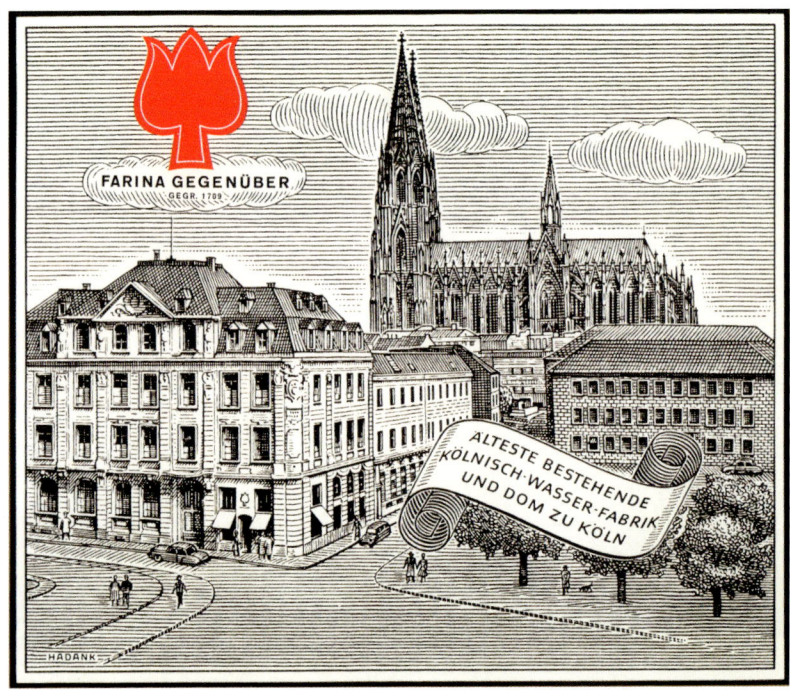

teidiger der demokratischen Verfassung der Stadt" Bejubelten führte eine angeblich recht mager besetzte Prozession in das Haus des Stadtkommandanten. Der Platz aber blieb weiterhin unbebaut. Farinas Anschrift lautete nun „Vis-à-vis La Place Juliers". Später wieder eingedeutscht, blieb das J im Anlaut stehen, da das Kölner Idiom kein G an solcher Stelle kennt. Bis heute heißt es also „Johann Maria Farina gegenüber dem Jülichs=Platz".

Die außerordentliche Prominenz dieser Adresse führte in der Zeit der feindlichen Namensübernahmen zu einer wahren Inflation an Eau-de-Cologne-Produzenten, die statt guter Ware lediglich den Nachweis führten, dass sie sich „Farina" und „gegenüber" nannten. Ganze 114 solcher Fälle lassen sich benennen. Die Liste liest sich wie eine Sequenz aus der absurden Literatur: „Jean Marie Farina gegenüber dem Albün-Platz, Johann Maria Farina gegenüber den Alexianern, Johann Maria Farina gegenüber dem Altenmarkt, Johann Maria Farina gegen-

über dem Alten Markt No. 4, Johann Maria Farina gegenüber dem Alten Markt No. 11, Johann Maria Farina gegenüber dem Appellhof-Platz, Eau de Cologne gegenüber dem Apollo-Theater, Johann Maria Farina gegenüber dem Augustinerplatz" und so weiter und so fort ...

Um dieser Inflation Einhalt zu gebieten, errang der in vierter Generation tätige Johann Maria Farina – im Familienstammbaum „der Große" genannt und Mitglied des Deutschen Reichstages zur Bismarckzeit – im Jahre 1875 einen für sein Unternehmen, aber auch für das bürgerliche Gewerbe insgesamt epochemachenden Erfolg. Seit 1836 besaß dieser achte Chef der Firma Prokura. Und seitdem war dieser Johann Maria beständig durch Gutachten und Gesetzesentwürfe um den Markenschutz bemüht. Das vom Deutschen Reichstag 1874 verabschiedete Markenschutzgesetz wurde in wesentlichen Teilen von ihm mitgestaltet. Als es ein

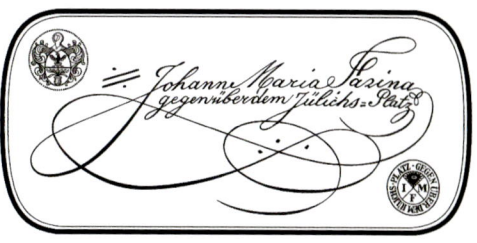

Jahr später in Kraft trat, wurde „Johann Maria Farina gegenüber dem Jülichs=Platz" als erstes geschütztes Label überhaupt angemeldet! Von nun an durfte auch der exakte Strich der rokokohaft geschwungenen Namensunterzüge auf dem Etikett nicht mehr kopiert werden. 1881 gelang der Firma ein weiterer Erfolg: Per Gesetz wurde die Verwendung des Namens Farina für Eau-de-Cologne-Handelsbetriebe, die nicht der Gründerfamilie entstammten, verboten. Alle bis dahin duplizierten Gegenüber verschwanden also über Nacht und schneller, als sie einst aus der Erde geschossen waren.

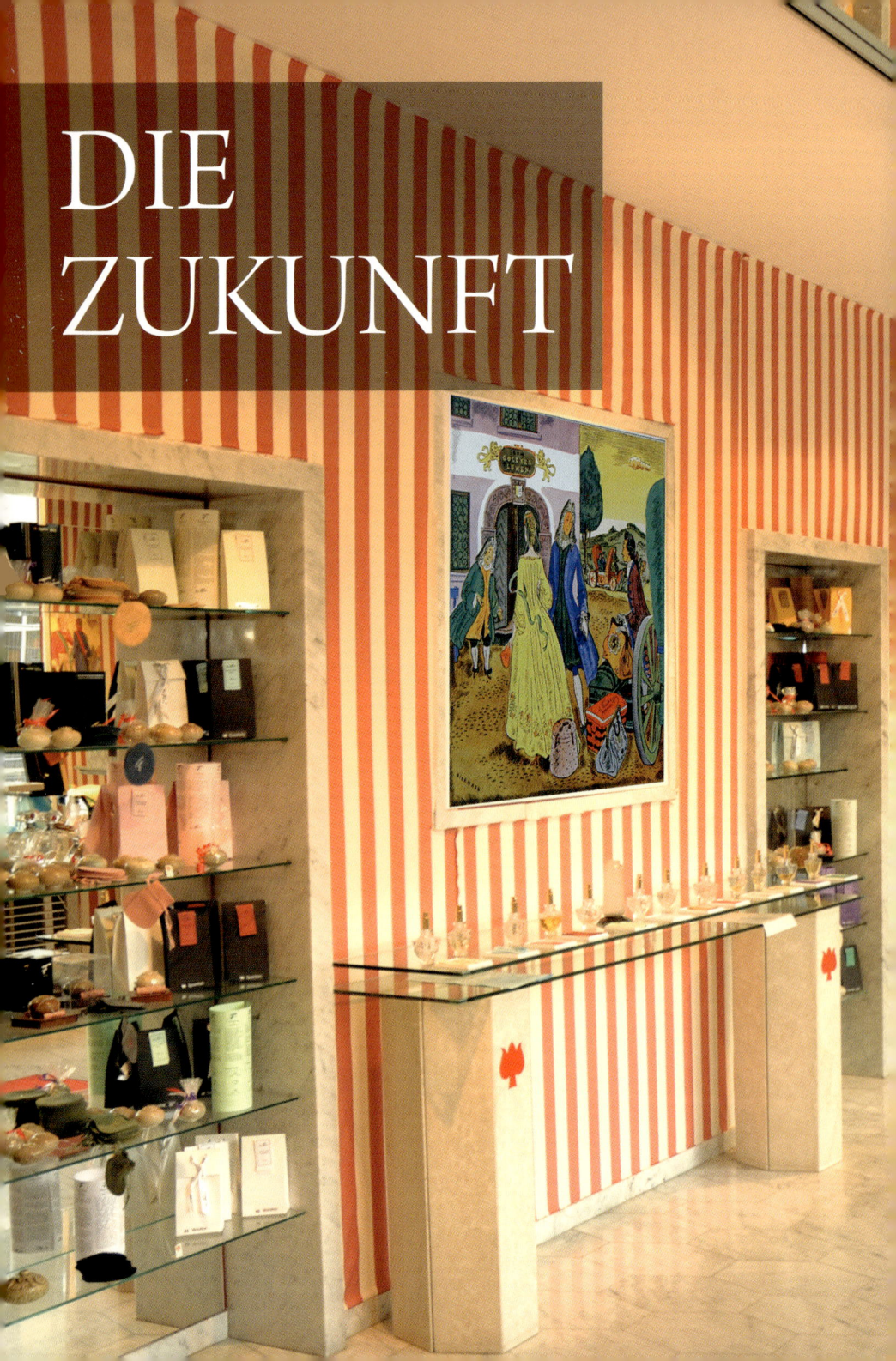

DIE
ZUKUNFT

Die Nach- kommen

Giovanni Maria Farina der Parfümeur liebte mit zunehmendem Alter die warmen Oberbetten. Anfangs waren ihm die dicken Plumeaus der Völker am Rhein noch merkwürdig vorgekommen. Doch fern des südlichen Klimas seiner Kindheit und Jugend hatte er sie in den kalten Jahreszeiten schätzen gelernt. In diesen Behaglichkeiten unter Daunen konnte er, wenn vom Wind getrieben ein herbstlicher Nieselregen an seine Fenster strich, zufrieden auf ein Lebenswerk zurückblicken. Er hatte in der Frühlingszeit seines Schaffens einen Jahrhundertduft kreiert. Er hatte die Sonne eines italienischen Morgens in alle Welt gebracht. Er hatte Köln zur Dufthauptstadt des 18. Jahrhunderts gemacht, hatte alle großen Fürstenhäuser Europas beliefert und immer wieder den richtigen Riecher besessen.

Im November 1766 starb Giovanni Maria im Alter von 80 Jahren. Sein Neffe Johann Maria der Destillateur übernahm die Firma. Er lieferte die Eau de Cologne 1776 das erste Mal nach Indien. Unter seiner Leitung wuchs das Geschäft

*Der im Zweiten Weltkrieg zerstörte Ver-
kaufsraum des neobarocken Stammhauses
(oben) und der von H. Pallenberg entwor-
fene, in hellen Farbtönen gehaltene Neo-
rokoko-Verkaufsraum von 1860 (unten)*

enorm. 1767, im ersten Jahr seiner Geschäfts-
führung, verkaufte er rund 3100 Flaschen,
1776 waren es bereits fast 7700. Der größte
Teil der Lieferungen ging an 60 bis 70 Ein-
zel- oder Firmenkunden. Der Neffe Johann
Maria Farina setzte auch den Familienstamm
fort: Gio Maria der Parfümeur war kinderlos
geblieben, doch die Frau des Neffen, Maria
Magdalena, schenkte dem Destillateur drei
Söhne.

Maria Magdalena Farina war die Tochter des
reichen Gewürzhändlers Brewer aus der Budengasse, eines Freundes und Nachbarn von
Giovanni Maria. Bevor sie das Erbe an ihre
Söhne weitergeben konnte, nahm die Vereh-
rerin der Königin Luise von Preußen selbst
die Geschäfte in die Hand. Vier Sprachen beherrschte die gebildete Frau. Noch zu Lebzei-
ten ihres Mannes hatte sie sich für die
Modernisierung der Geschäftsräume eingesetzt und das Rokokomobiliar gegen aktuelle
englische Möbel ausgetauscht, um gegenüber
anspruchsvollen Kundinnen, die auf der
Durchreise von Antwerpen oder Maastricht nach Venedig in jedem Fall auch
bei Farina vorbeischauten, werbewirksam mit der Zeit gehen zu können. Als
die französischen Revolutionstruppen Köln besetzt hielten, bewirtete sie die Offiziere im Farina-Haus. Mit ihren ebenso gut ausgebildeten Söhnen nahm sie
großen Einfluss auf die weitere Kölner Stadtgeschichte. So wurden die Söhne
als Gründungsmitglieder der Kölner Freimaurerloge, des Kölnischen Kunstver-
eins oder der Kölner Industrie- und Handelskammer initiativ. Eine von Maria
Magdalena Farina und ihrem Gatten begründete Schokoladenfabrik wurde nach
ihrem Tod im Jahre 1799 den Töchtern zur Mitgift gegeben, damit das Erbe der
Eau-de-Cologne-Fabrik in der männlichen Linie blieb.

Carl Anton Farina im Kreis der Familie auf ihrem Land-sitz Hagerhof bei Honnef, Gemälde von Heinrich von Rustige, 1837

Carl Anton Farina, der jüngste ihrer Söhne und ebenfalls mit einer Tochter aus dem Hause Brewer verheiratet, war der Vater des schon erwähnten Johann Maria Farina, genannt „der Große". Dieser führte die Eau de Cologne in die Moderne. Sie, der Prototyp auch aller heutigen Parfüms, wurde durch ihn zu einem Flaggschiff der Markengesetzgebung. Dank ihm können auch 300 Jahre nach dem zitrusbegeisterten Brief des taufrisch und frühlingshaft aufblühenden Parfümeurs an seinen Bruder Battista die Nachkommen noch sagen: „In unseren Händen, ach, in unsren Nasen ist das Original."

*Am 13. Juli 1809 feierte
Farina sein 100-jähriges
Jubiläum im Théâtre de
l'Opéra in Paris*

DAS NEUE KÖLN

Also änderten sich die Zeiten. Also aber war in Farinas Flakons der Frühling immerdar. Nachdem Napoleon die linken Rheinlande annektiert hatte, war der Markt in Frankreich für das seit langem begehrte Parfüm vollends geöffnet. Die Feier zum 100-jährigen Bestehen des Unternehmens beging Farina 1809 beinahe folgerichtig in Paris und nicht in Köln, wo durch die Auflösung der feudalen Ordnung ein Großteil der vermögenden Kundschaft verloren gegangen war. 1815 wurden die Dinge wieder grundlegend anders: Mit der Neuordnung Europas durch den Wiener Kongress wurden Köln und das Rheinland preußisch. Für Farina war damit der Frankreichhandel vorerst unterbrochen, da nun eine Zollgrenze nach Westen bestand. Doch mit der Öffnung des Handels über den Rhein bot sich in England ein neuer Absatzmarkt. *Not least:* Mit den Teilnehmern des Wiener Kongresses blieb der aktuell den Ton angebende europäische Adel auch fürderhin ein wichtiger Kunde des Hauses.

*Weltkugel aus Elfenbein, die einen sil-
bernen Kölnisch-Wasser-Flakon ent-
hielt, Geschenk für Queen Victoria
von England, 1889*

Für Köln war der Wechsel zu Preußen folgenreicher als für „Farina gegenüber". Aus der
ehemals freien und katholischen Reichsstadt
Köln war eine von Koblenz und Berlin aus
durch eine protestantische Administration regierte Stadt in westlicher Randlage des Kö-
nigreichs Preußen geworden. Zu kaum einer
anderen Gelegenheit kam das angespannte
Verhältnis zwischen den Konfessionen und
den politischen Lagern so sehr zum Ausdruck
wie anlässlich des Ausbaus des Kölner Domes
zwischen 1842 und 1880. Mit Friedrich Wilhelm IV. von Preußen hatte sich wohl ein be-
deutender Förderer der Domvollendung
gefunden; der evangelische Protektor steuerte
rund ein Drittel der Baukosten für das gewal-
tige Unternehmen bei. Damit kamen aber auch die politischen Aspekte des
Domausbaus mehr und mehr zum Tragen. Der Dom sollte das rheinische Denk-
mal der gegen Napoleon geführten und maßgeblich von Preußen gewonnenen
Befreiungskriege werden und Symbol für eine noch zu erlangende deutsche
Einheit. An der Frage, wie solch ein zukünftiger deutscher Staat aussehen sollte
– würde er eine Demokratie, würde er eine Monarchie mit oder ohne Verfassung
sein? – schärften sich die politischen Lager wie die Messer, vor allem in den
Jahren vor der deutschen Revolution von 1848/49. Im Kulturkampf der 1870er
Jahre trennte der Schnitt dieser Messer die Konfessionen scheinbar vollends.
1880, zu den Schlussfeierlichkeiten der Domvollendung, stand zwar das deutsche, preußisch-hohenzollernsche Kaiserpaar Wilhelm I. und Kaiserin Augusta
vor dem Hochaltar der Kathedrale, aber kein einziger Vertreter des katholischen
Klerus. Kölns Erzbischof Paulus Kardinal Melchers war während des Kultur-
kampfes mehrfach verhaftet und im Klingelpütz festgesetzt worden. 1875 hatte
er sich ins holländische Exil gerettet.
Den feierlichen Festzug zur Domvollendung hatte das Haus Farina mitorgani-
siert. Nachdem im 18. Jahrhundert der katholische Glaube eine unabdingbare

CÖLNISCHES WASSER
von
ältesten Distillirer
Johann Maria Farina
gegenüber dem Jülichs-Platz
Cöln.
Gegründet 1709.

Hof-Lieferant I.I. M.M.
des Deutschen Kaisers und Königs von Preussen, der Königin von England,
des Kaisers von Oesterreich, des Kaisers von Russland, der Könige von Italien,
Bayern, Sachsen, Württemberg, Schweden, Belgien, Portugal, I.I. K.K. H.H.
des Kronprinzen und der Kronprinzessin des Deutschen Reiches und von
Preussen, der Grossherzoge von Baden, Hessen, Mecklenburg-Schwerin,
Mecklenburg-Strelitz, des Prinzen und der Prinzessin von Wales
etc.   etc.

Prize Medals

London Exhibition
1851 & 1862

Oporto 1865

&

Exposition universelle
Paris 1867

Mention honorable
à Paris 1855

*Bild links: Das Plakat von
1873 präsentiert die internationalen Auszeichnungen
für Farinas „Cölnisches
Wasser"*

*Kunstvolle Details des Hermeling-Pokals:
Emblem mit den Initialen JMF (Bild oben)
und in Silber getriebene Porträts von
Johann Maria dem Parfümeur und
Johann Maria „dem Großen" (Bild unten)*

Voraussetzung dafür gewesen war, dass das Unternehmen überhaupt tätig werden konnte, besaß Farina nun, gegen Ende des 19. Jahrhunderts, einen evangelischen Geschäftsführer. Oder genauer gesagt: Geschäftsführer Heimann war ein zum Katholizismus konvertierter ehemaliger Protestant.

In wunderbarer Weise kommt Farinas Verbundenheit mit Köln und der bürgerlichen Gesellschaft in einem 1886 von Gabriel Hermeling im Neo-Rokokostil geschaffenen Prunkpokal zum Ausdruck. Farina hatte Hermeling (1833–1904), dem sicher bedeutendsten Kölner Silberschmied in der zweiten Hälfte des 19. Jahrhunderts, den Auftrag erteilt, insgesamt acht Prunk-Trinkpokale zu gestalten, mit denen man die vornehme Kundschaft und Gäste bewirten wollte. Nach der Reichsgründung 1871 und dem „Wirtschaftswunder" der zweiten Industrialisierung hatte auch in Köln und bei Farina der neuerliche Wille zur Repräsentation statt der Bescheidung des Biedermeier Einzug gehalten. Der erhaltene, aus 950er-Silber getriebene und feuervergoldete Pokal zeigt auf dem Fuß die historischen Farina-Häuser des 18. und frühen 19. Jahrhunderts. An der Kuppa (Trinkschale) halten vier echt kölnische Grinköpfe aus Lapislazuli – bis zum Zweiten Weltkrieg befand sich ein steinerner Grinkopf über der Toreinfahrt der ans neobarocke Farina-Haus angrenzenden Produktionsstätte der Eau de Cologne – Ketten mit Farina-Emblemen. Darüber stellen Porträts der ersten vier Firmenchefs die Verbindung zu Köln her. Am Lippenrand des Pokals sind die zwölf wichtigsten Hoflieferantentitel, die Farina erhielt, gelistet, so die des russischen Zaren oder des bayerischen und des britischen Königshauses. Bekrönt wird der Pokal über dem Griff des Deckels von einer gut gelaunten, Wohlstand und Lebensfreude versprühenden Jungfrau Colonia mit dem Kölner Mauerkranz auf dem Haupt.

Der Kölner Dom, nachgebildet aus Hunderten von Farina-Flakons – das Eintrittsgeld für diese Attraktion von 1860 kam dem Weiterbau der Kathedrale zugute

Infolge des Auftrages für Farina konnte Hermeling ab 1888 mit der Fertigung des heute noch bei festlichen Anlässen genutzten Kölner Ratssilbers beginnen, eines der umfangreichsten und prachtvollsten Tafelgeschirre aus der Zeit des Historismus.

Mit voller Kraft voraus! – der Dampfer
„Lohengrin" verlässt mit den Gästen
der 200-Jahr-Feier Farinas den Kölner
Heimathafen

DURCH HÖHEN UND TIEFEN

Die überkonfessionelle und dem politischen Tages- und Epochengeschäft über-
legene Art der Eau de Cologne zog sich durch die Wechsel der Verhältnisse
fort. Nach den römisch-habsburgischen Kaisern in Wien und dem korsisch-re-
volutionären Imperator Napoleon zählten ab 1871 auch die gesamt-kleindeut-
schen Reichskaiser aus Berlin zu Farinas ergebenen Kunden. Im Dreikaiserjahr
1888, als im Abstand von nur drei Monaten Wilhelm I. und sein Sohn Friedrich
III. verstorben waren, erhielt Farina als einziges Geschäftshaus im Westen des
Reiches persönliche Nachricht vom Ableben der Monarchen. Das Erbe als
Reichskaiser und Farina-Kunde trat Wilhelm II. an, der dann immer so fort bis
1918 regierte. Seine Eau-de-Cologne-Bestellungen ließ der letzte deutsche Kaiser preußisch knapp per Telegramm vermelden. Er war Farina so zugetan, dass
er 1909 höchstselbst zum 200-jährigen Geschäftsjubiläum lud. Gefeiert wurde
in Berlin und Köln. Die Kölner Gäste wurden unter der Flagge Farinas zur luxuriösen Fahrt auf den Schaufelraddampfer „Lohengrin" geladen. Man schip-
perte bis zum mondänen Honnef am Rhein, dem deutschen Nizza. Weitere
Feierlichkeiten fanden im Kölner Casino und im Gürzenich statt. Und über all
dem schwebte der Duft der Eau de Cologne, wie er schon Säkula zuvor in Versailles, Brühl, München oder St. Petersburg die festlichen Gesellschaften in seine
Aura gehüllt hatte.
Wieder gebrauchte, wie es schon bei der französischen Besatzung im
Siebenjährigen Krieg und zu Zeiten der Napoleonischen Kriege der
Fall gewesen war, vornehmlich das Militär Farinas
Parfüm. In den Offiziersmessen des wilhelmini-
schen Reiches schwebte der Ge-

ruch von Orientzigaretten und der Eau de Cologne. Da aber ein vorgeblich rein weibliches Parfüm den kernigen Herren Offizieren nicht entsprach, wurde zum ersten Mal in der Parfümgeschichte zwischen einem Herren- und einem Damenduft unterschieden. Bei Farina ging das so: Den Herren wurde die Eau de Cologne in den männlich-herben Kandinsky-Flakons gereicht, die Damen erhielten sie in einer weiblich-runden Variante. Der Inhalt aber war – identisch. So ging es lange gut, bis 1914. Da kam der Erste Weltkrieg und Farinas Frühlingsgeist wurde in eine enge Montur gesteckt. „Eau de Cologne" galt als Feindbegriff, und so wurde draus ein „Kölnisch Wasser". Da während des Krieges Essenzenlieferungen aus Frankreich oder Italien nicht möglich waren, musste man auf sie verzichten. So war die Eau de Cologne tatsächlich eine Zeit lang nicht das, was sie sonst immer war, wie auch zwischen 1933 und 1945. Die nationalsozialistischen Machthaber hatten 1934 die Offenlegung aller ausländischen Lieferungen an Farina verlangt. Zum Schutz des originalen Duftes und der Lieferanten verschlankte Farina daraufhin die Eau de Cologne abermals, sprich: auf eine Reihe der Zutaten wurde vorübergehend verzichtet. Statt der realen Zugabe wirklich aller von Giovanni Maria dem Parfümeur vorgesehenen Aromen und Essenzen verwahrte die Familie die originale Rezeptur bis zum Anbruch besserer Zeiten im Hinterstübchen.

NEUANFANG

Die besseren Verhältnisse nach dem Ersten Weltkrieg kamen mit den nicht immer und für alle goldenen Zwanzigern. Die Eau de Cologne von Farina hatte ihre Qualität als duftendes Kontinuum über alle Umstände hinwegretten können. Nun leuchteten die Namen Marlene Dietrichs oder Coco Chanels in den Kundenlisten. Nach der Katastrophe des Zweiten Weltkriegs – die Produktionsstätte gegenüber dem Gülichplatz war völlig zerstört, die Ruine des Geschäfts-

hauses Obenmarspforten stand unter dem persönlichen Schutz der amerikanischen Besatzer, die durch eine bevorzugte Bereitstellung von Material an die originale Rezeptur der Eau de Cologne zu gelangen trachteten – vollzog sich der Wiederanfang auf urkölnische Art.

Schon 1823, im Gründungsjahr des Festordnenden Comités des Kölner Karnevals, war mit Emanuel Zanoli ein Vertreter der duftenden Zunft zum ersten „König (später: Held) Carneval" gekürt worden. Sein Onkel Carl Arnold Zanoli war bei Farina ausgebildet worden und machte sich später als Kölnisch-Wasser-Fabrikant

selbstständig. Mit der Familie war er über Giovanni Battista den Gründer verschwägert. 1952 fuhr nun Johann Maria, Farinas Nachkomme in siebter Generation, als jüngster Prinz Karneval aller Zeiten im Rosenmontagszug durch die Trümmer- und Wiederaufbaulandschaft Kölns. Neben Kamelle und Strüßjer warfen er und seine Garde fast eine Million Eau-de-Cologne-Miniflakons mit einer roten Tulpe auf dem Etikett unters närrische Volk. Die „New York Times" titelte damals, in Köln seien die Trümmer in Duft verwandelt worden.

Die rote Tulpe war 1924 im Anklang an das Siegelwachs der früheren Rosolien als neues Warenzeichen der Eau de Cologne eingeführt worden. Die Tulpe ist das perfekte Bild für ein Parfüm des Rokoko, das es einst dem Wert nach mit Gold und Edelsteinen aufnehmen konnte. Auch Schnittblumen waren im gesamten 17. und 18. Jahrhundert sehr teuer. Tulpenzwiebeln wurden, bevor man die Blumen in Europa anbaute, aus dem Orient eingeführt. Von den Handelsschiffen kehrten allerdings viele nie in ihre Heimathäfen zurück, sie wurden

Eintrag ins Goldene Buch der Stadt Köln – Johann Maria Farina und der damalige Oberbürgermeister Fritz Schramma beim Festakt zur 300-Jahr-Feier im Hansesaal des Kölner Rathauses 2009

Opfer von Unwettern oder Piraten. Die Blumenzwiebeln, die tatsächlich auf die Märkte von Amsterdam oder Rotterdam gelangten, wurden dann in Gold aufgewogen. Jetzt, am Rosenmontag des Jahres 1952, war Farinas piemontesischer, frisch aus den Zwängen der nationalistischen Beengung befreiter Frühlingsmorgen nicht weniger kostbar und köstlich. Klein und fein war er nun in „Italiens nördlichster Stadt" endgültig auch in der Gesellschaft aller, unter Freien und Gleichen angelangt.

Und da ist er noch. Es sind die gleichen Länder wie ehedem, in denen heute die Menschen der Eau de Cologne von Farina ihre Reverenz erweisen: sei es Frankreich, Deutschland, England oder Russland. Eau de Cologne – das ist nicht nur ein einzigartiger, sondern immer schon ein über den Nationen schwebender Duft. Riechen Sie mal!

Der Flakon „Zukunft" von Günter Thelen wurde zur Finissage der 300-Jahr-Feier des Unternehmens 2010 entworfen und international prämiert

Hintere Innenklappe:
Stammbaum der Familie Farina

Hintere Klappe:
Klassisch-elegant präsentiert sich die Eau
de Cologne in ihrer heutigen Verpackung

DIE QUELLEN

Der Autor dankt Familie Farina für das Bereitstellen der Quelleninformationen
aus dem Duftmuseum sowie dem Firmenarchiv im Rheinisch-Westfälischen
Wirtschaftsarchiv. Dort sind auf über 300 laufenden Metern alle Einkäufe, Ver-
käufe, Briefwechsel und Produktionsdetails ab 1709 im Original dokumentiert.